日本証券アナリスト協会認定

プライベートバンカー資格 受験対策 予想問題集

Private Banker

公認会計士
税理士

岸田 康雄
Kishida Yasuo

ロギカ書房

はじめに

　これまで、金融機関のリテール営業担当者は、購入時手数料や信託報酬の高い金融商品を、回転売買させることに注力してきました。為替手数料を期待できる外国債券、元本を取り崩して高い分配金を支払っているかのように見せる REIT など、お客様の金融リテラシーの低さから、自社の利益を優先するような営業スタイルをとってきたはずです。

　しかし、欧米のリテール金融マーケットを見ますと、手数料の低い商品が販売されており、長期にわたる資産形成のため、お客様に寄り添った営業スタイルがとられています。高齢化社会が進展するわが国でも、このような営業スタイルに変更する必要があるでしょう。

　そこで求められるのが、リテール営業のプロフェッショナルとしての「プライベートバンカー」です。プライベートバンカーは、お客様の最適な資産管理と運用の方法をアドバイスします。加えて、相続・事業承継など世代間にわたる資産運用について、お客様のお悩み・問題点を探り出し、問題解決へと導くのです。このような営業スタイルは、高齢者や富裕層のお客様とって非常に価値のあるものとなるでしょう。

　近年、プライベートバンカーの重要性が高まってきています。しかし、「とにかくこの商品をすべて売ってこい！」と言われ、手数料の高い商品の販売に邁進してきた従来型のリテール営業担当者が、プライベートバンカーとなることは容易ではありません。プライベートバンカーの提供するサービスは、含み益を即座に実現させる短期売買ではなく、長期の資産形成だからです。

　日本証券アナリスト協会の定義によれば、「プライベートバンカーとは、富裕層（マス富裕層を含む。）のために、金融資産のみならず、事業再構築、事業承継を含めた生涯あるいは複数世代にわたる包括的・総合的な戦略をベースに投資政策書を立案し、その実行を助けるとともに長年にわたってモニタリングを続ける専門家のこと」とされています。お客様にアドバイスする分野は、金融商品の売買だけではありません。相続、事業承継、税務対策、不動産投資、非金融サービスなど多岐にわたります。リテール営業において取り扱うサービスの範囲が、従来とは

比べ物にならないほど広くなるのです。

　お客様の資産運用を提案する際には、ご家族が達成したい目標、それを達成するにあたっての問題点、課題と解決策を明確化しなければなりません。その検討内容としては、例えば、家族構成、個人財産の内訳、相続税、ゴールとなる生活水準や資産額があります。お客様ごとに異なる課題を明確化し、個別の解決策を提案するのです。お客様の課題と言っても、単に金融商品を販売し、資産を増やせば解決できるような簡単なものではありません。

　こうした難しいサービスを提供するプライベートバンカーは、従来型のリテール営業以上にやりがいの大きな仕事となるはずです。しかし、プライベートバンカーが活躍する欧米と比べ、わが国は、本格的なプライベートバンカーを育成するために難しい環境にあります。

　マクロ環境としては、相続税制度があり、金融商品と比べ不動産投資に係る税負担が著しく優遇されていること、富裕層のみならずマス富裕層の存在が非常に重要であることです。また、ミクロ環境としては、金融機関における短期（3年程度）の人事異動によって、お客様との長期にわたる人間関係を構築できないことです。

　その一方で、わが国の急速な高齢化の進展は、お客様の資産運用と相続・事業承継対策に対するニーズを増大させています。プライベートバンカーに対する社会的な役割期待が高まってきているのが現実です。

　本書は、日本証券アナリスト協会が提供しているプライベートバンカー資格（主として、プライマリー・プライベートバンカー）の受験生のために書かれた予想問題集です。

　プライベートバンカー資格は、富裕層に多様なサービスを提供するプライベートバンカーを本格育成するための、日本で初めての教育プログラムです。金融機関の窓口担当者や顧客担当渉外員、リテール金融業務に従事するスタッフ・管理職、さらにその上級幹部クラスを含む幅広い層を対象に、プライベートバンキングに関する知識や考え方を、実務に即した視点から効率よく学ぶ機会を提供しています。

　プライベートバンカー資格試験は、①リレーションシップ・マネジメント、②ウェルス・マネジメント、③不動産、④税金、⑤信託、エステートプランニング、⑥マス富裕層、⑦職業倫理で構成されています。学習範囲が広汎にわたり、各章に出てくるテーマが相互に絡み合っている点が特長です。

　本書は、プライベートバンカー資格試験を合格するに足る重要なテー

マを網羅しています。日本証券アナリスト協会の通信教育講座のテキストで一通り学習した後、本書の予想問題を一度だけ解いていただければ十分です。

　最後に、本書を企画時から刊行まで担当していただいた株式会社ロギカ書房の橋詰氏には心より感謝を申し上げます。

2019年12月

公認会計士・税理士　岸田　康雄

目次

第7章
職業倫理

第8章
参考資料

第1章

RM
（リレーションシップ・マネジメント）

Private
Banker

顧客に良質のサービスを提供するためには、良好な人間関係の構築、リレーションシップ・マネジメント（RM）が不可欠である。プライベートバンカーとして豊富かつ高度な商品知識に精通していることを踏まえたうえで、顧客と共感し合える「人間力」が試される。

　顧客をよく知り様々なデータを蓄積するとともに、自己のプライベートバンカーとしての特性を、弱点を含めて十分認識したうえで、初めて顧客との一歩を踏み込んだ関係を築くための戦略と戦術の具現化が進むことになる。

Ⅰ　顧客を知る

（1）資産
①資産形成の経緯
②資産の現状

（2）人生の夢
①金銭で実現可能な夢
②金銭では実現不可能な夢

（3）懸念事項
①健康
②人間関係
③財産

（4）夢と懸念への対応策
①具体的手段
②進捗に対する満足度
③改善すべき点
④支援形態への要望（金融、非金融）

Ⅱ　自己（プライベートバンカー自身および組織）を知る

（1）SWOT による自己分析
（2）SWOT の結果分析
①弱点の補完策
②強みの強化策
（3）プライベートバンカーとしてのキャリアゴールの設定
①キャリアと PB 業務との位置付け

②預り資産残高の目標
③ニーズに対する困難度・専門性の基準設定
④ベストなRMへのイメージ創造

Ⅲ　顧客との効果的な関係を築く

（1）市場の創造
①他業界の有力者を支援者にする
②会員組織とネットワーク
③既存顧客から新規顧客紹介を引き出す方策

（2）意思決定への阻害要因
① RMへの不信
②提案されるべき課題（夢と懸念）の不在
③課題への解決策が不適切
④実行への躊躇

（3）課題をベースとするコミュニケーションの推進
①制約条件の確認
②課題の優先順位の確認
③課題解決後のイメージ供与

（4）顧客管理のための戦術
①個別アプローチ
②コミュニケーション
③データベースとセグメンテーション
④管理サイクル

（5）専門家ネットワークの活用
①公認会計士
②税理士
③弁護士
④司法書士
⑤社会保険労務士
⑥証券仲介業等
⑦ CMA、CIIA

I 顧客を知る

【問題】

以下の各記述を読み、正しいか誤っているかを判定しなさい。

1. 顧客に対するヒアリングを行う目的は、本人の投資体験や資産形成の経緯を知ることによって、最適な運用方針を提案するためのみである。

2. 上場企業オーナーが、その親族の支配権を維持するため、ある一定比率の上場株式を継続して保有する方針をとった場合、上場株式であっても相続税の納税手段として考えるべきではない。

3. 顧客が経営する会社が黒字の場合、長期的かつ安定的な資金運用が必要となるが、会社が赤字であれば、資金繰りを改善させるために、短期的に値上がりを目指す積極的な資金運用も必要となる。

4. 個人財産を評価する際、将来発生するものと予想される相続税額は、見えない債務として認識しておかなければならないが、配偶者に相続された個人財産が子供に相続される際の相続税は認識する必要はない。

【解答】

1.誤り

顧客に対するヒアリングを行う重要な目的の一つに、コンプライアンスに抵触する事項が無いかを確かめ、マネーロンダリングに巻き込まれることを防ぐことがある。

2.正しい

3.誤り

個人と法人とは密接な関係がある。会社（法人）が黒字の場合、リスクを取った運用が可能となるが、会社が赤字であれば、リスクを取らない運用方針をとる必要がある。

4.誤り

個人財産は、本人から配偶者への相続（一次相続）、その配偶者から子供への相続（二次相続）の２回にわたって次世代に承継されるため、将来発生するであろう相続税額は、本人から配偶者への相続の際に課される税額だけでなく、配偶者から子供への相続の際に課される税額も併せて認識しておかないと、相続税の納税可能性を分析することができない。

5．年収から逆算した時間給が高い富裕層は、個人の秘書や家政婦を雇い、運転手付きのハイヤーを使うなど、高い費用を負担することになっても、外注サービスを積極的に活用したほうがよい。

6．長期的に顧客の老後資金が不足する状況にある場合、資金を保守的に運用することによって、可能なかぎり資金を目減りさせないようにアドバイスすることが適切である。

7．顧客が病気等の問題を抱えている場合であっても、高度医療サービスや専門医を紹介することは、法律的な問題をもたらし、後からトラブルを招くもとになるので、避けたほうがよい。

8．会社経営者がこれまで営んできた事業を廃業すると、多額の清算損失が発生するとともに、従業員の雇用も失われてしまうため、絶対に避けるべきである。

9．プライベートバンカーは、個人の財産管理や財産承継に係るサービスだけでなく、企業経営、コーポレート・ファイナンスやファミリービジネスの分析に係る助言やアドバイスまで提供しなければならない。

5.正しい

年収から逆算した時間給が高い富裕層は、単位時間当たりの機会費用が大きいため、代行サービス分野で他人の作業・時間を買ったほうが得策である。

6.誤り

顧客の老後資金が不足する状況にある場合、銀行預金を中心とした不作為状態となっている流動資産を、本格的な資産運用によって増やすことを提案すべきである。その際、資産配分を抜本的に見直し、具体的な投資商品を提案することとなる。

7.誤り

顧客が病気等のために治療が必要であれば、高度医療サービスや専門医を紹介すべきである。紹介先から見返りとしての紹介手数料を受け取ることについては職業上の問題を伴うため避けるべきであるが、顧客が入手できない高度な医療サービスを顧客に紹介することは、プライベートバンカーとして重要なサービスの一つとなる。

8.誤り

資産超過で廃業するのであれば、賃貸不動産経営など安定的な事業へ切り替えるべきである。それによって、資産価値が流出することを防ぎ、個人資産の価値を維持することが可能となる。旧本社を維持するよりも、会社経営を止め、賃貸オフィスビルとするほうが儲かる場合も多い。

9.正しい

プライベートバンキングの中核顧客である同族企業オーナー経営者の課題に包括的に対応するためには、個人の財産管理や財産承継に係るサービスだけでなく、コーポレート・ファイナンスやファミリービジネスの分析サービスまで提供しなければならない。

Ⅱ 自己（プライベートバンカー自身および組織）を知る

【問題】

以下の各記述を読み、正しいか誤っているかを判定しなさい。

1. 新規顧客の開拓は、飛び込み営業を行うなど自ら営業活動を行うべきであり、既存のお客様が他の顧客を紹介してくれることを期待すべきではない。

2. 既存顧客から他の顧客を紹介してもらうために、大手出版社からの書籍出版を行うことができれば、良い商品やサービスの提供者としてお客様のほうから選んでもらえる可能性がある。

3. 顧客の利益をもたらすような無償の支援を行うとしても、その見返りとして次の仕事をご依頼いただくなど、顧客の生涯価値を高める手段として行うものであり、コストとベネフィットの関係を考慮しなければならない。

【解答】

1．誤り

プライベートバンキングのビジネスでは、既存顧客による顧客紹介が最も確実で優良な新規顧客獲得の手法である。富裕層の顧客紹介は、同じレベルの財産を持つ富裕層から受けることがほとんどであり、富裕層ではない人から富裕層を顧客として紹介されることはない。したがって、イベントや交流会の開催など、既存の顧客から紹介を受けられるような機会を積極的に作るべきである。

2．正しい

大手出版社からの書籍出版は効果的である。第三者的な立場にある大手出版社から認知を得ることで、顧客へ売り込む必要はなくなり、良い商品やサービスの提供者として顧客のほうから選んでもらえるようになる。

3．誤り

プライベートバンカーとして、顧客との関係を継続させるためには、短期的にはその見返りを一切期待しないで、顧客の利益への貢献を続けることが重要である。これによって、プライベートバンカーへの信頼が高まり、個人的な相談を行ってくれる顧客となる。

4. 税理士や弁護士など富裕層のプライベートバンキングに不可欠な士業と戦略的な提携関係を結ぶことは、顧客に提供するサービスの価値を高めることとなる。

4.正しい

　プライベートバンカーが提供できるサービスにも限界があり、士業の独占業務まで提供することはできない。顧客にもたらす付加価値を最大化しようとするならば、提携関係にある士業ネットワークの力を活用することが不可欠である。初回無料相談などのサービスを提供してくれるような税理士や弁護士との提携関係を築いておくべきである。

Ⅲ　お客様との効果的な関係を築く

【問題】

　以下の各記述を読み、正しいか誤っているかを判定しなさい。

1．プライベートバンキング業務の営業手法は、新規開拓と顧客紹介である。飛び込み営業などで新規の見込み客を見つけ出すこと、既存顧客から他の見込み客の紹介を受けること、この両面から営業活動を継続しなければならない。

2．幅広い交友関係を持ち人脈が豊富な人物を顧客として持っているプライベートバンカーは、たとえ自分自身と性格や価値観が合っていなかったとしても、他の顧客紹介を受けるために、その顧客とは親密な人間関係を築かなければならない。

3．顧客から見込み客の紹介を期待するのであれば、顧客のビジネスを支援することが効果的であるが、ビジネス以外の日常生活を支援してもあまり効果はない。

【解答】

1．誤り

プライベートバンキング業務の営業手法は、既存の顧客から他の見込み客を紹介されることである。主体的な新規開拓は非常に難しいため、継続すべきは既存顧客との関係性強化である。

2．誤り

顧客紹介をいただけるような顧客とは長い時間のお付き合いが必要となるため、プライベートバンカー自身と性格や価値観が合っていることが必要である。そうではない顧客との関係性を強化しようとしても、結果的に上手くいかないことが多く、長期的に良好な関係が続く可能性は低い。

3．誤り

ビジネス以外の側面からも顧客の期待を超えるサービスを提供することによっても、顧客から感謝してもらうことができ、その見返りとして見込み客の紹介を期待することができる。例えば、子供の就学、就職、結婚の支援、入会困難な会員制クラブへの招待などのサービスが好ましい。

4.顧客からの紹介によって名門ゴルフクラブに入会することができ、多数の富裕層との関係を持つことができた場合、入会後はプライベートバンカーの自らの努力によって新規顧客開拓を行うべきであり、既存顧客からの紹介を待つだけではいけない。

5.相続生前対策や事業承継対策を行っていない富裕層が多く、その問題解決はプライベートバンカーの価値あるサービスとなる。顧客の課題や問題点、対策の必要性、解決したときの効果を丁寧に説明し、その必要性を理解させることができれば、顧客は、相続・事業承継対策を今すぐ実行すべきだと必ず考えるようになる。

6.プライベートバンカーからの問題解決策の提案は、顧客本人だけでなく、その配偶者や顧問税理士にも理解してもらい、できるだけ多くの関係者の同意を得ることが好ましい。

7.プライベートバンカーが顧客に対して運用報告や具体的サービスの提案を行う場合、対面的なコミュニケーションが不可欠であるが、継続的な情報提供については、電子メールやダイレクトメールのほうがよい。

4．誤り

既存顧客の紹介によって名門ゴルフクラブなど、富裕層が多数所属している会員組織とネットワークの中にプライベートバンカーが入り込むことができるケースが多い。しかし、他の富裕層はプライベートな場所で営業されることを嫌う可能性が高いため、営業活動の機会があったとしても、自ら新規開拓営業を行うべきではない。

5．誤り

顧客が相続・事業承継対策の必要性を認識できたとしても、プライベートバンカーから提案された課題に緊急性はなく、今すぐ解決する必要はないと考えるケースがある（不急のハードル）。対策の必要性と同様、その対策の緊急性についても丁寧に説明し、その実行を急ぐように促すことが求められる。

6．正しい

明確化できた課題に対してプライベートバンカーが提案する解決策について、顧客は、それが唯一無二のものではない、あるいは、本当に適切なものかどうかわからないと考えるケースが多い（不適のハードル）。これについては、プライベートバンカーの提案に対するセカンドオピニオンを取らせたり、顧客の周囲の相談相手や顧問税理士を説得したりすることで、その提案の信頼性を高める必要がある。つまり、周囲の関係者の同意を得て、外堀を埋めるアプローチをとることによって阻害要因を排除することが必要である。

7．正しい

顧客との関係性を維持することを目的とした継続的な情報提供については、多忙な顧客の時間を無駄にするおそれがあるため、電子メールやダイレクトメールのほうが好ましい。

8 .顧客から面談の要請があっても、プライベートバンカーの仕事が多忙でスケジュール調整が困難であれば、余計なトラブルを回避するために、自らの予定を優先すべきである。

8.誤り

　顧客から面談の要請があれば、できる限り早く面談の時間を取るのが原則である。ただし、顧客の重要性によって、その頻度やタイミングを変えることは必要である。

第2章

WM
（ウェルス・マネジメント）

Private Banker

CMAの習得した証券分析、アセットアロケーションという手法、投資家のリスク許容度・効用の考え方は、個人富裕層の資産運用にも当然応用される。特に個人においては、家族を含めたライフプラン、キャッシュ・フローの予測がウェルス・マネジメントの基本となる。ライフプランの一環として、事業承継、相続、贈与をどう考えるかも重要である。

I　基本概念

- （1）顧客の効用、目的
- （2）顧客タイプ別の属性とニーズ
- （3）ライフプランニングの方法
- （4）リタイヤメントプランニング
- （5）資金計画
- （6）個人版 ALM
- （7）リスク管理

II　投資政策書（Investment Policy Statement）

- （1）顧客保有資産状況の把握
- （2）顧客家族状況、問題点
- （3）顧客の生涯目標（ゴール）、価値観
- （4）資産運用リターン目標
- （5）運用対象期間
- （6）リスク許容度
- （7）アセットアロケーション

III　商品概要およびアセットアロケーション

- （1）金融資産
  - ①株式
  - ②債券
  - ③投資信託
  - ④デリバティブ商品
  - ⑤ストラクチャード商品
  - ⑥ヘッジファンド

⑦ファンド・オブ・ファンズ

⑧信託商品

⑨預貯金

⑩保険

⑪外貨建商品

（2）**非金融資産**

①不動産

②コモディティ

③動産

④貴金属

⑤絵画

⑥蒐集品

（3）**アセットアロケーション**

①顧客の資産規模

②顧客のリスク許容度

③顧客の効用

④資産配分

⑤ファンドの選択

Ⅳ　ファミリーミッション・ステートメント（FMS）

（1）**ファミリーガバナンスの基本設計**

①一族の遺産と同一性の次世代継承策

②守るべき遺産とそのコスト

③事業運営や資産運用に関する基本方針

（2）**基本設計に際し必要となる分析**

①財務状況（個人、法人、慈善事業等）

②年次キャッシュ・フローニーズ（個人、法人、慈善事業等）

③一族事業への関与の有無また予定等

④個人のキャリア／ライフゴール等の整合性

（3）**FMS 作成のプロセス**

①運営規則の決定

②一族のヒューマンキャピタルの共有

③長期繁栄に導く基準値についてのプロポーザル提出

④近親者の人生にとって何が大切であったかのメッセージ

　　　　　⑤20年後の在るべき一族のイメージ
　　　　　⑥一族による一族史の編纂
　　　　　⑦一族の統治機構の構築
　　　　　⑧一族会議の運営
　　　　　⑨一族会議の主な役割
　　　（4）ファミリーオフィスサービス

Ⅴ　運用目標（一世代か多世代資産保全か）

　　　（1）分配重視型（一世代の資産保全）
　　　　　①一人の人生で見た運用期間（20〜30年）
　　　　　②次世代への資産承継についての考慮はほとんど無し
　　　　　③支出に関する制限なし
　　　　　④中程度期待利回り
　　　　　⑤単純な投資スキームと税務対策
　　　（2）成長重視型（多世代の資産保全）
　　　　　①数世代を視野に入れた運用期間
　　　　　②次世代への資産承継に注力
　　　　　③高いリターンの要求
　　　　　④年間の支出は運用資産の2〜4％の範囲に限定
　　　　　⑤複雑な投資・税務スキーム

Ⅵ　事業承継

　　　（1）手法
　　　　　①同族内承継
　　　　　② MBO
　　　　　③ M&A、売却
　　　（2）ケーススタディ
　　　　　①同族内承継
　　　　　② MBO
　　　　　③ M&A

Ⅶ　相続・贈与等による財産移転

（1）相続
（2）贈与
（3）遺言

I 基本概念

【問題】

以下の各記述を読み、正しいか誤っているかを判定しなさい。

1. 家計貸借対照表の資産および負債は、取得価額ではなく時価で計上すべきである。

2. 次世代への財産承継を考えるため、家計貸借対照表には未払い相続税額を計上すべきであるが、その際の計算は一次相続だけでよい。

3. 家計貸借対照表において、自社株式と不動産は相続税評価額によって計上される。

4. 国税庁が公表する類似業種比準株価、宅地に係る路線価は毎年改定されるが、その改定の都度、家計貸借対照表を作りなおさなければならない。

【解答】

1 . 正しい

　家計貸借対照表は、現時点での個人財産の価値を評価するものであるから、資産および負債は、原則として、時価で計上すべきである（相続税評価額も時価の一つと考えることができる。）。

2 . 誤り

　家計貸借対照表を使って財産承継を考える場合、配偶者の税額軽減が適用できる夫婦間での相続よりもむしろ子供への相続に伴う相続税のほうが重要である。したがって、一次相続に加えて二次相続において発生する相続税額を計算し、負債として計上すべきである。

3 . 正しい

　家計貸借対照表では未払い相続税額（負債）の計算を行うため、資産サイドにある自社株式と不動産については、未払い相続税額と対応する評価方法を適用する。

4 . 正しい

　類似業種比準株価の改定は、類似業種比準価額の変更を通じて自社株式の評価額に変更もたらし、路線価の改定は、土地の評価額に変更をもたらす。したがって、これらの改定があれば、家計貸借対照表を作りなおさなければならない。

5. 事業リスクの高い会社を経営している企業オーナーは、ハイリスク・ハイリターンを好むため、新興市場株式や外国の劣後債などの金融商品を提案すべきである。

6. 個人のキャッシュ・フロー表では、個人の収入の規模を正確に把握するため、所得税・住民税および社会保険料を控除する前の金額で収入を記載することが一般的である。

7. 定期保険とは、一定の保険期間を定めて、その間に死亡・高度障害状態になった場合に保険金を受け取ることができる生命保険商品である。一定期間の死亡保障を目的とした商品であるため、割安な保険料で高額な死亡保険金を受け取ることができる。

5.誤り

事業リスクの高い会社を経営している企業オーナーは、会社経営（非上場株式の保有）に対して高いリスクを取って、高いリターン（役員報酬）を獲得しているため、金融資産投資からも同様にハイリスク・ハイリターンを求めるとすると、リスク許容度を超える可能性が高い。したがって、このような企業オーナーには、安全な債券などローリスク・ローリターンの金融商品を提案すべきである。つまり、企業オーナーである顧客のリスク許容度の測定において、本業のビジネスリスクも考慮する必要がある。また、本業の景気と金融商品の値動きの関連についても考慮しなければならない。

6.誤り

個人キャッシュ・フロー表では、所得税・住民税および社会保険料を控除した可処分所得ベースで記載することが多い。個人財産として蓄積されていくのは、税金や社会保険料などを支払った後の手取額だからである。

7.正しい

定期保険とは、一定期間の死亡保障を目的とした掛け捨ての生命保険商品である。高額な死亡保険金を受け取ることができるが、保険期間が満了しても満期保険金は支払われない。長期平準定期保険や逓増定期保険など、保険期間中に解約返戻金が発生する商品もあるが、保険期間満了に近づくにつれて解約返戻金は減少し、最終的にはゼロ円となる。定期保険のメリットは、終身保険と比べて安い保険料となることである。

8.終身保険とは、死亡・高度障害状態の場合に保険金を受け取ること
　ができるが、保険期間に定めはなく、一生涯契約が続く生命保険商
　品である。一生涯保険料を支払う商品もあり、保険料は割高となる。

9.養老保険とは、死亡・高度障害状態の場合に保険金を受け取ること
　ができるが、保険期間の満期時に生存していた場合には、死亡保険
　金と同額の満期保険金を受け取ることができる生命保険商品である。
　貯蓄と同様の効果のある契約であるため、養老保険の解約返戻金は、
　払い込んだ保険料の累計額を下回ることはない。

8.正しい

終身保険は、一生涯契約が続く保険商品であるが、保険料の払込みは、一時金を払い込むもの（一時払い）と、一定期間で満了するものと（有期払込み）、一生涯払い込むもの（終身払込み）がある。いずれも満期保険金はないが、一時払い以外のものは長期間払込みが継続すると積立部分が徐々に増えていくため、解約返戻金が増加していくことになる。終身保険の保険期間は一生涯続くため、必ず死亡保険金を受け取ることができる。そのため、同じ保険金額の定期保険と比べると、当然ながら保険料は高くなる。

9.誤り

養老保険は、満期までの死亡保障が付されているため、単純な貯蓄よりも費用負担が重くなる。したがって、契約当初の数年間は払込み保険料総額よりも解約返戻金のほうが少なくなる。また、満期保険金額についても払込み保険料総額を下回ることがある。

Ⅱ 投資政策書

【問題】

以下の各記述を読み、正しいか誤っているかを判定しなさい。

1. 投資政策書とは、顧客が投資に係る意思決定の妥当性を評価するための書面である。

2. 投資政策書を作成しておけば、著しい投資損失を被った顧客から訴訟を起こされることはない。

3. プライベートバンカーは、顧客が保守型、安定型、標準型、成長型、積極型のどのモデルポートフォリオを希望するのかを把握し、キャピタル・ゲインやインカム・ゲインに関する選好を明確にしなければならない。

【解答】

1．誤り

投資政策書とは、事後的に運用成績を評価するものではなく、投資に係る意思決定を行うための根拠である。投資政策書を作成する目的は、投資の意思決定がなされる過程を体系的に記述することによって、投資の意思決定が、顧客が達成しようとしている目標に沿ったものであるかを確認することにある。

2．誤り

投資政策書を作成したとしても、著しい投資損失を被った顧客から訴訟を起こされるような事態を回避することはできない。しかし、投資政策書を作成しておくと、顧客に対して適切な助言が行われたことを主張する根拠となるため、訴訟に対する法的な備えになる。

3．正しい

顧客の考え方によって、キャピタル・ゲインやインカム・ゲインに関する選好も異なり、それに伴って、設定すべきアセット・アロケーションは異なる。プライベートバンカーは、保守型、安定型、標準型、成長型、積極型のいずれのポートフォリオが妥当であるのか、顧客の選好にしたがって判断しなければならない。

4.顧客の投資目的やリスク許容度は時の経過に応じて変化する可能性
　があるため、定期的に面談を行い、必要に応じてアップデートを行
　う必要がある。

5.顧客の目標運用利回りを実現するためのポートフォリオのリスクの
　大きさが、リスク許容度の範囲内に収まらない場合、プライベート
　バンカーは、顧客のリスク許容度を高めるように説得しなければな
　らない。

6.目標運用利回りを設定するためには、ライフイベント表と個人
　キャッシュ・フロー表の作成が不可欠である。

7.運用期間が長くなれば、それだけ投資損失を被る可能性が高くなる
　ため、リスク許容度を低く抑えなければならない。

4．正しい

顧客の投資目的やリスク許容度は、その時々の状況によって変化するため、アセットアロケーションや個別銘柄の選定も見直しが必要となる。そのため、顧客と定期的な面談を行い、ポートフォリオの組換えの必要性があるかどうかを検討しなければならない。

5．誤り

顧客の目標とする運用利回りが高すぎる場合、ハイリスク・ハイリターンの資産運用を行わなければならず、顧客のリスク許容度の超えてしまうこともあるだろう。その場合、高いリスクが顕在化してしまい、将来的に顧客との間にトラブルが生じる可能性がある。それゆえ、目標運用利回りを下げるように顧客へ説得しなければならない。顧客の期待する運用利回りと現実の運用利回りとのギャップが大きいまま、不適切なサービスを提供した場合、将来的に運用損失が生じたときに、顧客が大きな不満をもつ可能性もある。

6．正しい

金融資産投資における適切な目標運用利回りを設定するためには、ライフイベント表と個人キャッシュ・フロー表の作成し、将来の収入と支出の予測を行い、たとえ大きな投資損失が発生した場合であっても資金不足に陥ることがないようにしなければならない。

7．誤り

金融市場の相場は上下に変動を繰り返すため、投資期間が長くなれば、短期的に損失が生じたとしても、それを回復し、長期的に利益を得ることができる可能性がある。したがって、投資期間が長くなれば、リスク許容度は大きくすることができる。投資期間はリスク許容度を決定する最大の要因だと言われている。

8 . リスク許容度の高い顧客にしか、高い目標運用利回りを設定しては
　ならない。

8.正しい

目標運用利回りを高く設定すると、それに伴うリスクは大きくなる。リスク許容度が低い顧客が想定外の損失を被った場合、顧客とトラブルになる危険性がある。それゆえ、リスク許容度の低い顧客に高い目標運用利回りを設定してはならない。

III 商品概要および アセットアロケーション

【問題】

ポートフォリオ理論に関して以下の問題に答えなさい。

1．ある有価証券の予想収益率が以下の場合、期待収益率と標準偏差は
いくらか（小数点第3位四捨五入）。

	生起確率	予想収益率
好況時	30%	25%
普通時	40%	5％
不況時	30%	▲10%

2．収益率のばらつきが正規分布しているとすると、以下の（　　）に
入る数字を答えなさい。

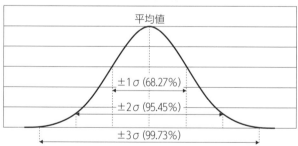

正規分布曲線

正規分布とは、このように左右対称の釣鐘型をしたグラフである。こ
こでの有価証券に投資した場合、その収益率は68.27％の確率で▲
7.11％から（　　　％）の範囲内に収まると考えられる。

【解答】

1.期待収益率 6.5%　標準偏差 13.61%

ポートフォリオ理論では、リターンを期待収益率（予想収益率の荷重平均値）、リスクを標準偏差で測定する。

期待収益率＝25%×0.3＋5%×0.4＋▲10%×0.3＝<u>6.5%</u>

分散＝$(25\%-6.5\%)^2×0.3+(5\%-6.5\%)^2×0.4$

　　　$+(▲10\%-6.5\%)^2×0.3=185.25$

標準偏差＝$\sqrt{分散}=\sqrt{185.25}=$<u>13.61%</u>

2.20.11%

ポートフォリオ理論では、収益率の散らばりは正規分布になると考えるため、68.27%の確率で期待収益率±標準偏差に、95.45%の確率で期待収益率±（2×標準偏差）の範囲内に収まると考える。したがって、（　　）には20.11%が入る。

6.5%－13.61%＝▲7.11%

6.5%＋13.61%＝<u>20.11%</u>

以下の各記述を読み、正しいか誤っているかを判定しなさい。

3．上場株式を売却する場合、原則として、売買成立日から起算して４日目に受渡しが行われる。したがって、金曜日に約定すれば、その受渡しは翌週の月曜日となる。

4．株価の計算方法としての配当割引モデルは、将来得られる配当金の期待値を長期国債利回り（10年）で割り引いた現在価値で評価するものである。

5．株式投資の運用利回りとは、配当と売却損益を合わせた利回りを意味する。

6．株式投資に伴うシステマティック・リスクとは、分散しきれないところまで分散投資した場合に、各銘柄の価格変動が相殺されることによって排除することができるリスクのことを意味する。

3.誤り

上場株式を売却する場合、原則として、売買成立日から起算して4営業日目に受渡しが行われる。したがって、金曜日に約定すれば、その受渡しは翌週の水曜日となる。

4.誤り

株式価値の伝統的な計算方法として配当割引モデルがあるが、これは、将来得られる配当金の期待値を、その株式の投資家の期待収益率で割り引いた現在価値とする考え方である。したがって、期待収益率が上がれば株価は低く、期待収益率が下がれば株価は高く評価されることになる。

5.正しい

投資家にとっての株式投資の運用利回りとは、発行体から定期的に分配される配当金と、株価の上昇または下落に伴う売却損益を合わせた損益を意味する。

6.誤り

システマティック・リスクとは、分散しきれないところまで分散投資を行ったとしても、避けることのできないリスクのことを意味する。これは、市場全体に共通するリスクとも言える。したがって、ある個別株式のリスクと市場全体のリスクの比率が β 値で測定されているとすれば、個別株式の期待収益率は、市場全体の期待収益率と β 値を通じて相関関係にあると言える。

7. β値が大きい企業ほどその個別株式の株価のボラティリティが大きく、投資家にとってはリスクが高い株式投資となる。

8. 分散投資されている株式市場全体への投資に伴うリスクよりも、個別株式への投資に伴うリスクのほうが大きいため、個別株式のリスクプレミアムは、株式市場全体のマーケット・リスクプレミアムよりも常に大きくなる。

9. 債券は償還期日が到来すれば、発行体から額面金額の全部が返済されることになる。保有期間中に含み損が生じていたとしても、償還期日まで保有し続けることができれば額面金額まで価格が回復することから、投資リスクは無い商品ということができる。

10. 金利下落の局面では、債券の市場価格は常に上がることになる。

7. 正しい

β値は市場感応度ともいわれ、株式市場全体のインデックス（TOPIX、日経平均等の株価指数）の利回りの動きに対する個別企業の株式利回りの動きの相関関係を表すリスクの尺度である。β値は個別企業の株価のボラティリティを表すものであり、β値が大きいほど市場の動きに対してその個別株式の株価の変動幅が大きく、投資家にとってはリスクが高い投資であることを意味する。

8. 誤り

株式市場全体のβ値は1と定義されるが、株式市場全体のマーケット・リスクプレミアムより個別株式のリスクプレミアムの方が大きい場合もあれば、小さい場合もある。個別株式のリスクプレミアムのほうが大きい場合は、β値は1より大きな値を示し、逆に小さい場合は、β値は1より小さな値を示す。なお、β値がマイナスになる個別株式は無いと考えられる。

9. 誤り

債券の発行体が経営破綻すれば、額面金額の全部又は一部が返済されない。つまり、債券投資にはデフォルト・リスクが伴う。

10. 誤り

債券投資には、価格変動リスク以外にも信用リスクや為替リスクなどが伴う。金利が低下している局面においては、他の条件が一定であるならば、債券の市場価格は上がることになる。しかし、信用リスクが悪化したり、為替レートが円高になったりすると、債券の市場価格が下がることも想定される。

11.高格付けのシニア債、低格付けの劣後債、その中間のメザニン債に
　　分けて発行される証券化商品は、投資家のニーズに合った商品選択
　　を可能とするが、プライベートバンカーは顧客の安全性を最優先に
　　考え、常にシニア債を販売しなければならない。

12.仕組債は、通常、償還まで保有することを前提とした債券となって
　　いるため、投資期間を比較的短く設定する顧客に対して販売すべき
　　商品ではない。

13.投資信託の分配金に関する個別元本方式では、特別分配金は課税対
　　象とされる。

14.上場投資信託（ETF）は、売買コストや運用管理コストなどの費用
　　が低く抑えられるため、投資家にとって有利な金融商品である。

11.誤り

信用リスクの高い劣後債は、資本と負債の両方の特徴を持ち、普通社債よりもリスクが大きい一方で、相対的に高い利回りを享受することができる商品である。このような商品は、リスク許容度の高く、目標運用利回りの高い顧客に適合するものである。したがって、顧客の特性に適合しているのであれば、プライベートバンカーが劣後債を販売することに問題はない。

12.正しい

仕組債は、通常、償還まで保有することを前提とした債券となっており、やむを得ず中途売却する場合、売却価格が著しく低くなり、投資元本を割り込む可能性が高い。それゆえ、短期間で売却すれば損失を被る可能性が高くなるため、投資期間を短く設定している顧客に販売すべき商品ではない。

13.誤り

投資信託の分配金に関する個別元本方式では、普通分配金は課税対象とされ、特別分配金が非課税とされる。これは、特別分配金が利益の分配ではなく、元本の払戻しだからである。

14.正しい

上場投資信託（ETF）は、販売手数料や信託報酬が低く、運用コストが低く抑えられるため、投資家の利益に資する商品である。しかしながら、販売会社の立場からすれば、販売しても十分な収益を得られない商品であるため、積極的に販売されていないのが現状である。

Ⅳ ファミリーミッション・ステートメント（FMS）

【問題】

以下の各記述を読み、正しいか誤っているかを判定しなさい。

1. ファミリーミッション・ステートメントとは、一族全体に共通する行動方針であり、必ず遵守すべきルール、価値観、目標を書面に記載したものである。

2. ファミリーガバナンスとは、家族や親族など一族間の意見の違いに起因して生じた問題を解決するための判断基準を明確に示すものである。

3. 投資政策書を作成するよりも先にファミリーミッション・ステートメントを作成しなければならない。

【解答】

1.誤り
　ファミリーミッション・ステートメントとは、個人の行動指針であり、一族・ファミリー全体に共通するものとして作成されることもあるが、特定の個人や夫婦のものとして作成されることがある。そこには、ファミリーの目標やルールが表明されることになるが、必ず遵守すべき規則というほど厳格なものではなく、価値観や考え方のガイドラインにすぎない。

2.誤り
　ファミリーガバナンスとは、家族や親族など一族間の意見の違いや利害関係を調整するための意思決定や遂行プロセスについての在り方および方法を示すものである。意見の相違やトラブルを解決するための判断基準となるようなものではない。

3.正しい
　ファミリーミッション・ステートメントは、投資政策書や事業計画書よりも上位に位置付けられる文書であるから、ファミリーの方向性を定めようとする場合、ファミリーミッション・ステートメントを最初に作成することになる。

4．事業承継は、株式承継と経営承継の両面を持っているが、ファミリーガバナンスが有効に機能しているファミリーの場合、後継者に自社株式を全て承継させることが当然だという意思決定が行われることから、事業承継において相続争いが起きることはない。

5．相続時の遺産分割協議において、自社株式を後継者に集中させるという分割案で合意できない場合、後継者以外の相続人に対して後継者が現金を支払う方法をとることができる。

6．家計貸借対照表を作成することによって、個人財産の構成が明確化されるとともに、これまで見えなかった負債である未払い相続税額が明らかになる。

7．家計貸借対照表は、これまで蓄積してきた過去の個人財産を表示することが目的であるから、全ての資産は取得価額で評価しなければならない。

4．誤り

多くの非上場企業では、その所有と経営は分離されておらず、事業承継は、株式承継と経営承継の両面を持っている。自社株式は相続財産を構成するため、複数の相続人がいる場合、後継者以外の相続人へも自社株式を分割せざるを得ない場合がある。そのような場合、自社株式を後継者に集中させることはできず、相続争いが生じる可能性がある。

5．正しい

自社株式は、後継者として任命された相続人に集中すべき財産であり、非後継者である相続人には保有させるべきではない。そこで、自社株式を後継者に相続させる代わりに、後継者ではない相続人には後継者から代償金を支払うという方法が有効である。これを代償分割という。現金を支払う方法が遺産分割協議における争いを解決する手段となる。

6．正しい

プライベートバンカーが家計貸借対照表の作成を手伝う目的は、未払い相続税額（負債）を認識することによって、顧客の財産管理および財産承継対策の立案に役立てることにある。

7．誤り

家計貸借対照表における資産は、個人資産の価値を適切に反映するため、時価で評価を行うべきである。ただし、資産の時価評価において、市場性のある有価証券は市場価格を使えばよいが、不動産や自社株式は市場価格が無いため、相続税評価額を使うことになる。

8 . 家計貸借対照表の流動比率（＝現金や金融資産／相続税額）が100％
　　を超えていれば、相続税額よりも流動性のある資産（現金預金、保
　　険金など）が大きいということであるから、相続税の納税において
　　問題ないと判断できる。

9 . ファミリーの所得を分散するためには、例えば、所有する不動産を
　　法人所有に切り替える方法が効果的であるが、その目的は個人財産
　　の蓄積を防ぎ、相続財産の増加を抑えることのみにある。

10. 賃貸不動産を法人に移転する場合、個人から法人への売却とすれば、
　　個人に譲渡所得税が課されるが、現物出資とすれば譲渡所得税は課
　　されない。したがって、不動産は法人へ現物出資すべきである。

11. 不動産を法人に移転した後は、個人の財産は「非上場株式」に変わ
　　ることになる。法人による不動産経営の規模を大きくすることがで
　　きれば、類似業種比準価額を適用することができ、相続財産の評価
　　を引き下げることが可能となる。

8.誤り

流動比率が100%を超えていたとしても、遺産分割の結果として、各相続人の流動比率を1人ずつ見ると、納税資金が不足するケースがある。例えば、企業オーナーの相続において、長男に自社株と事業用不動産を承継し、長女が金融資産を承継する場合、たとえ遺産全体では流動比率100%超であっても、長男1人に限って見れば、相続税を納付するに足る金融資産を確保できないようなケースが生じる。

9.誤り

不動産を法人所有とすることによって、個人財産の増加を抑制することは法人化の目的の一つであるが、不動産所有法人から子供や孫に役員報酬を支払うことで、所得分散を行い、全体として所得税負担を軽減させることも目的の一つである。

10.誤り

個人から法人へ不動産を現物出資した場合であっても、譲渡価額（時価）が取得価額を上回っていた場合には、譲渡所得税が課される。

11.正しい

不動産を法人に移転した後は、個人の財産は「非上場株式」になり、不動産の評価から非上場株式の評価に変わることになる。非上場株式を類似業種比準価額で評価することができれば、純資産価額を下回る評価とすることも可能である。結果として、不動産を所有していた場合よりも非上場株式を所有する場合のほうが相続財産の評価が低くなるケースが多い。

Ⅴ | 運用目標

【問題】

　以下の各記述を読み、正しいか誤っているかを判定しなさい。

1. コアサテライト戦略を取って資産配分を行う場合、コアアセットではハイリスク・ハイリターンの運用を行う一方、サテライトアセットでは、ローリスク・ローリターンの運用を行うことによって安定的な成長を目指すことができる。

2. 年金収入だけで満足を得る生活ができない場合、資産の取崩しを前提として分配重視型の資産運用を行うことが望ましい。

【解答】

1.誤り

コアサテライト戦略とは、資産配分を行う際、運用資産をコアアセットとサテライトアセットの2つに分け、資産配分の中核となるコアアセットでは安定的な成長を追求する一方、資産配分の非中核部分のサテライトアセットでは、リスクを取って比較的高いリターンを目指す戦略のことをいう。コアアセットでは安定的な成長を目指すべきであるから、ETFのインデックス運用などを用いてローリスク・ローリターンの運用を行う一方で、サテライトアセットではオルタナティブ投資などハイリスク・ハイリターンの運用を行うことが望ましい。また、コアアセットとサテライトアセットの相関関係を低くしておけば、リスク分散効果も享受することができる。

2.正しい

定年退職以降の運用期間は、退職前よりも、より保守的でインカム重視の運用スタイルが望ましい。長期にわたるグローバルアセット・アロケーションでリスクを分散し、期待収益率を高めることは当然に必要であるが、一世代に限る資産保全を考える場合、定年退職後は運用方針の変更が必要になることもある。年金収入だけで満足を得る生活ができない場合、分配重視型の資産運用を行い、資産の取崩しによって収入を補填することも必要となる。

3. 子供・孫や遺贈したい人がいない顧客に対する資産運用の提案において、遺産分割や相続税対策を考慮する必要はなく、単純に資産を増やすことを追求すればよい。

4. 個人財産全体に占める自社株式・不動産の割合が小さい顧客は、相続税の納税資金を確保するために金融資産を増やす必要があるのに対して、自社株式・不動産の割合が大きい顧客は、相続税の納税資金を十分に持っているため、金融資産を減らしてもよいと考えられる。

5. 投資信託で資産を増やすには、長期にわたって複利運用すべきであることから、受け取った分配金を生活費に使ってしまうようなことを控え、すぐに新たな金融資産を購入することが必要である。

6. 諸外国の金融機関（プライベート・バンク）が数世代の財産承継まで視野に入れた長期の金融資産運用を提案しているが、日本の金融機関であっても、同様に数世代にわたる金融資産運用を提案すべきである。

3．正しい

子供・孫や遺贈したい人がいない顧客の最大の特徴は、運用期間が一人の人生に限定されており、次世代への財産承継を考慮する必要がないことである。それゆえ、遺産分割や相続税対策を考慮する必要はない。一世代で使い切ることを前提としているため、支出や損失に対するリスクを抑える必要はない。資産を増やすことと、所得税を節税することを追求すればよい。

4．誤り

説明が逆である。個人財産全体に占める自社株式・不動産の割合が小さい顧客は、相続税の納税資金を確保するニーズに対する充足度が高いため、分配することによって多少は金融資産を減らしてもよい。しかし、自社株式・不動産の割合が大きい顧客は、相続税の納税資金が不足する可能性が高いため、納税のための金融資産を増やしておく必要がある。

5．誤り

資産を効果的に増やすには、金融ポートフォリオからのインカム・ゲインを再投資し、複利運用することが求められる。債券からの利息や株式からの配当金を再投資するのである。この点、投資信託で金融ポートフォリオを作るのであれば、無分配型の投資信託によって課税の繰延べを図ることで、複利効果を高めることができる。分配型の投資信託であると、分配金を受け取る際に所得税および住民税が課され、再投資額が減少してしまうからである。ゼロクーポン債や変額年金にも、同様に課税繰延べ効果がある。

6．誤り

日本における相続税の最高税率は55％であり、諸外国と比べて相続税の負担率が極めて高い。それゆえ、多世代にわたる長期の資産保全を図るためには、相続対策（相続税対策）が重要な課題となる。そこで、生前贈与、金融資産から不動産への資産配分の変更が求められる。金融資産に比べて不動産の相続税評価が低いためである。したがって、金融資産運用だけ提案すればよいという考え方は、誤っている。

7.相続を乗り越えて資産保全を図るためには、賃貸不動産への投資や、保有資産を法人所有すること（保有資産の自社株化）によって、課税価格の圧縮を図ることが求められる。

7.正しい

重い相続税の負担を軽減するためには、個人で金融資産を保有することは好ましくない。なぜなら、金融資産の時価100％が相続税評価額となるからである。この点、投資用不動産であれば、相続税評価額は時価を大きく下回ることになるため、課税価格の圧縮が可能となる。この際、金融資産と不動産を法人所有とすることによって、個人が保有する資産を自社株に転化することができれば、相続税評価額をさらに下げることが可能である。そして、自社株は他の資産よりも課税価格の圧縮（評価引下げ）が容易であるため、相続税対策が行いやすい。したがって、不動産投資と資産管理会社（自社株化）は、数世代にわたる資産保全のため不可欠の手段だといえる。

VI 事業承継と相続・贈与

【問題】

以下の各記述を読み、正しいか誤っているかを判定しなさい。

1. 親族内で事業承継では、財産や株式を子供に移転することは内外の関係者から心情的に最も受け入れられやすく、後継者教育も容易であることから、子供が経営者としての適正に欠けていたとしても大きな問題は伴わない。

2. 従業員に事業承継を行うメリットは、自社の事業を熟知した従業員が経営をスムーズに引き継ぐことができること、株式承継に伴う資金調達が容易であること、利害関係者の合意が得られやすいことにある。

【解答】

1.誤り

　親族内で事業承継のメリットは、財産や株式を子供に移転することが内外の関係者から心情的に最も受け入れられやすいこと、経済的な価値のある自社株式を子供に所有させることができること、後継者教育に時間をかけることができることにある。しかし、子供が経営者としての適正に欠けていた場合、承継された後の会社経営に失敗し、事業価値を失ってしまうおそれがあることから、親族内以外の後継者も検討すべきと考えられる。

2.誤り

　従業員に事業承継を行うメリットは、自社の事業を熟知した従業員が経営をスムーズに引き継ぐことができるため、他の従業員の継続雇用、得意先との取引関係を継続しやすいことにある。しかし、従業員には自社株式の買い取り資金や債務保証の引き継ぎ能力に乏しいケースが多く、株式承継に伴う資金調達は困難となる。また、オーナー経営者以外の株主からの合意が得られるとは限らないため、株主間で支配権争いが生じるおそれがある。

3．オーナー経営者の能力（リーダーシップ、技術力、顧客関係など）に事業価値のほとんどを依存する会社は、オーナーの引退とともに事業価値がゼロとなるから、M&A で会社を売却することはできない。

4．M&A で会社を売却すれば、オーナー経営者は企業経営から引退することになるため、買い手による従業員の継続雇用を譲渡契約書で規定しても、その規定が必ず守られるわけではない。

5．同族内の事業承継を行う場合、中小企業経営承継円滑化法に基づく非上場株式に係る贈与税の納税猶予制度を使うことは効果的である。

3.誤り

オーナー経営者がワンマン経営を行ってきた会社では、オーナーの属人的な能力、例えば、リーダーシップ、技術力、顧客関係などが会社の利益を生み出す事業価値源泉となっていることが多い。それゆえ、オーナー経営者への依存度が高い会社は、オーナーの引退とともに事業価値が失われるため、M&A で会社を売却することは困難である。しかし、M&A の前に従業員主導の組織的な経営体制に転換したり、M&A の後にオーナー経営者が一定期間の関与を続けたりすることによって、M&A を実行することは可能である。

4.正しい

M&A の譲渡契約書において従業員の継続雇用を誓約事項（コベナンツ＝買い手の義務）として規定することが多い。しかし、従業員の自主的な退職を止めることは不可能であることに加え、退職に伴う損害補償を請求することは困難であるため、従業員の継続雇用が必ず守られるわけではない。

5.正しい

中小企業経営承継円滑化法に基づく納税猶予制度を選択すると、発行済議決権株式の３分の２（一般措置）または全て（特例措置）の株式に係る贈与税の納税が猶予され、最終的に免除されることになるため、事業承継の手法として効果的である。しかし、適用後５年間平均80％の従業員の雇用責任が発生すること、株式の譲渡が禁止されることになるから、将来的に M&A の可能性がある会社に対する適用は、慎重に検討すべきである（認定取消しに伴う納税には利子税が伴うため。）。

6.非上場会社のオーナーが M&A を行うことは、相続税の節税の観点
　からも有効である。

7.上場株式の相続税評価は、相続開始日の終値によるものとされてい
　る。

8.銀行の定期預金の相続税評価では、相続開始日における残高だけで
　なく、相続開始日において解約するとした場合に支払いを受けるこ
　とができる既経過利子から源泉徴収されるべき税額を控除した金額
　を相続財産に加算しなければならない。

9.顧客が金融資産を５億円以上保有し、資産からの収入が３千万円以
　上あるような富裕層は、資産管理会社に金融資産を現物出資するこ
　とによって、相続税の節税を図ることができる場合がある。

6. 誤り

M&Aによって流動性の乏しい自社株式を流動性の高い現預金等の財産にすることができるため、相続時の納税資金の確保という観点からは有効であるが、現預金等の金融資産は自社株式よりも相続税評価が高くなるケースが多く、金融資産のまま保有すると相続税負担が大きくなる可能性が高い。したがって、M&Aは相続税の節税の観点から有効であるとは言えない。

7. 誤り

上場株式は、次の4つの株価のうち、最も低い価格を選択することができる。①相続の開始日の終値、②相続開始月の終値の月平均額、③相続開始月の前月の終値の月平均額、④相続開始月の前々月の終値の月平均額。

8. 正しい

銀行の定期預金の相続税評価では、銀行に対して、相続開始日における残高証明書の発行を依頼する。その際、相続開始日において解約するとした場合に支払いを受けることができる既経過利子の金額も計算してもらうことができる。

9. 正しい

個人で大きな金融資産を所有する富裕層は、資産管理会社に金融資産を現物出資し、法人によって間接的に投資することによって、相続税の節税を図ることができる場合がある。これは、個人で保有する財産評価が、金融資産から非上場株式に替わるためである。多額の金融資産を個人で保有する富裕層の相続対策として、資産管理会社の設立が有効である。

10. 相続時精算課税を適用して贈与を行ったとしても、相続時精算課税
    の変更届出書を税務署へ提出することによって、暦年贈与に切り替
    えることができる。

11. 公正証書遺言が作成されていた場合、相続開始時に家庭裁判所にお
    いて検認の手続きを取らなければならない。

10.誤り

相続時精算課税によって贈与を受けた受贈者は、譲り受けた翌年の贈与税の申告期限までに、贈与税申告書と相続時精算課税選択届出書を税務署に提出しなければならない。相続時精算課税を一度選択すると、贈与者の相続時まで継続して適用され、途中で暦年贈与に切り替えることができない。このため、贈与税の110万円基礎控除を利用することができなくなることから、慎重に選択を行う必要がある。

11.誤り

公正証書遺言書は、遺言の作成自体に専門家である公証人が関与しており、方式不備等で遺言が無効になることは通常あり得ない。また、作成後、遺言書の原本は公証人によって保管されるので紛失・改ざんのおそれがなく、本人の意思であることは公証人により確認されているため、検認の手続きを取る必要はない。

第3章

不動産

Private
Banker

PBビジネスの対象となる富裕層にとって、不動産は切り離せない資産である。代々受け継いだ自宅・別荘、事業用の土地、資産運用としての不動産等は他の資産に比べかなり比重の高い、かつ管理が複雑な資産である。

　また、不動産は個別性が高く、用途、取引規制などが多岐にわたると同時に、相続・譲渡の税制もまた複雑である。不動産に関する知識はPBビジネスにとって必要不可欠である。

I　不動産の３つの側面

（1）利用としての側面
①主観的価値
②取得の判断基準

（2）純投資としての側面
①分散投資資産としての不動産
②取得の判断基準

（3）相続税対象としての側面
①不動産資産の割合
②資産税法上の特典
③保有リスク

II　不動産取引の留意点と不動産投資

（1）公正な不動産情報の取得
①不動産に関する調査
②不動産の価格

（2）不動産取引の留意点
①宅地建物取引
②不動産の売買契約
③不動産の賃貸契約
④不動産のファイナンス

（3）不動産への投資
①不動産の類型ごとのリスク・リターン特性
②不動産のリスク要因とリスク軽減方法
③資産価値の維持・向上、分散投資等

④不動産の収益（収入支出）の見方
（4）不動産に関する外部専門家（特徴・選び方など含む）

Ⅲ　不動産の関連税制

（1）取得・保有に関わる税金
　①不動産の取得
　②不動産の保有
（2）譲渡に関わる税金
　①個人
　②法人
（3）賃貸に関わる税金
　①不動産の保有形態

Ⅳ　不動産の法令制限

（1）不動産の遵法性について
（2）法令上の規制
　②都市計画法
　③建築基準法
　④金融商品取引法（不動産信託受益権）

Ⅴ　不動産の相続・贈与

（1）相続財産の評価
　①宅地の評価
　②建物の評価
　③小規模宅地等
（2）不動産の相続・贈与
　①相続税評価額
　②移転による対策
　③課税価格
　④納税
　⑤遺産分割
　⑥贈与

Ⅵ　海外不動産

(1) 海外不動産の購入
(2) 海外不動産の譲渡
(3) 海外不動産の税務
(4) 海外不動産の管理
(5) 海外不動産と信託契約

Ⅶ　不動産を取り巻く経済環境

(1) 不動産の証券化
　①証券化の背景
　②証券化関連の法律
　③投資判断
　④現物不動産と不動産投資商品（J-REIT など小口化商品）
(2) 内外経済と不動産市況
　①内外経済動向
　②国内不動産市況の動向

Ⅰ　不動産の３つの側面

【問題】

以下の各記述を読み、正しいか誤っているかを判定しなさい。

1.不動産の特徴は、自宅として利用できること、収益物件として投資対象となることの２つのみである。

2.借入金で資金調達して賃貸アパートを建てると、地主が所有する土地の財産評価を引き下げることができるが、これは小規模宅地の特例（貸付事業用宅地）が適用されて、財産評価が50％減額されるからである。

3.土地の有効活用の目的の一つとして相続税対策があるが、これは更地に賃貸アパートを建てると、その土地が自用地から貸家建付地へと変わり、借地権割合に借家権割合と賃貸割合を乗じた金額が控除されることによる効果である。

4.相続税対策で「借金してアパート建築」が有効であると言われるが、これは不動産投資のための資金を自己資金で賄うよりも、銀行借入金によって調達したほうが、節税効果が大きいということを意味している。

【解答】

1.誤り
実需のための取得、投資のための取得に加えて、相続時の財産評価の引下げを行うための取得がある。

2.誤り
小規模宅地の特例を適用することができれば、それだけ土地の評価が減額されることは正しいのであるが、それに加えて、貸家建付地として（借地権×借家権）に相当する金額の減額されることも基本的な要因である。

3.正しい
土地の有効活用の目的は、主として相続税対策である。更地に賃貸アパートを建てると、その土地は、自用地から貸家建付地へと変わり、自用地の評価額から（借地権×借家権×賃貸割合）が控除される。これによって、現金が土地や建物に組み替えられ、財産評価の引下げ効果が生じる。

4.誤り
不動産取得のための資金を借入金で調達しても、手元現金を使っても、財産評価引下げの効果は変わらない。財産評価の引下げは、現金という資産が土地や建物という資産に組み替えられることによって生じる効果だからである。借入金の増加と現金の減少は、いずれも財産評価における効果が同じである。

Ⅱ 不動産取引の留意点と不動産投資

【問題】

以下の各記述を読み、正しいか誤っているかを判定しなさい。

1. マンションが売買される場合、分譲会社が作成するパンフレットでは各住戸の専有部分の床面積は内法面積で記載されているのに対して、不動産登記簿では壁芯面積で記載されている。

2. 土地の売買において使用される面積については、土地を公簿で売買する場合は、実測面積と差異があっても売買代金の清算は行われない。

3. 不動産業者の仲介（媒介）契約で、専任媒介契約を締結した場合、依頼者は、不動産業者1社しか媒介を依頼することができず、自分で取引の相手方を探すこともできない。

【解答】

1.誤り

マンションの専有部分の床面積は、分譲会社が作成するパンフレットでは壁芯面積（壁の中心線で測った面積）で記載されているのに対して、不動産登記簿では内法面積（壁の内側で測った面積）で記載されいる。不動産登記簿の面積のほうが小さい。

2.正しい

面積については、土地を公簿で売買する場合は、実測面積と差異があっても売買代金の清算は行われないため、実測面積が公簿面積と大きく相違していないか事前に確認することが必要である。専門家に依頼して実測面積を測定してもらうべきであろう。

3.誤り

「専任媒介契約」とは、依頼者は1社の不動産業者にしか媒介を依頼できないが、自分で取引の相手方を探すことは認められる契約である。自分で取引の相手方を探すことができないのは、「専属専任媒介契約」である。

4.専任媒介契約を締結した不動産業者は、依頼された売り情報、買い情報を指定流通機構へ登録してもよいが、3ヵ月以内に取引相手方が見つかる見込みがあれば、案件を囲い込むために指定流通機構へ登録しないケースが多い。

5.1億円の不動産取引が成約した場合、不動産業者の仲介手数料（消費税抜き）の上限は300万円である。

6.取引の対象となる土地の範囲を確定するために土地家屋調査士が測量を行う場合、民法において「売買契約に関する費用は、当事者双方平分してこれを負担する」と規定されているため、測量費用は買主と売主は常に2分の1ずつ負担しなければならない。

7.宅地建物取引主任者が同席し、重要事項説明書に記名押印するのであれば、重要事項説明を宅地建物取引主任者ではない職員が行うことも可能である。

4. 誤り

専任媒介契約を締結した不動産業者は、依頼された売り情報、買い情報を指定流通機構（REINS、「東日本レインズ」「中部レインズ」「近畿レインズ」「西日本レインズ」の４つがある。）へ契約後７日以内に登録することが義務付けられている。また、２週間に１回以上、依頼主へ業務処理状況の報告が義務付けられている。

5. 誤り

１億円の不動産取引が成約した場合、不動産業者の仲介手数料（消費税抜き）の上限は以下のように計算される。

１億円×３％＋６万円＝306万円

6. 誤り

土地家屋調査士の測量費用について、不動産取引の慣行では、売主側が全額を負担するように不動産売買契約の特約で定めるケースが多い。

7. 誤り

重要事項説明は、不動産に関する専門知識を有する宅地建物取引主任者が行わなければならず、重要事項説明書には宅地建物取引主任者が記名押印することが義務付けられている。

8.土地の売買において、実測取引とする場合、予め定めた1 m² 当た
りの単価に実測で得られた面積の全体を掛けて売買金額を算出する
方法と、登記簿面積や過去の測量面積などを基に仮の売買総額を定
めておき、実測面積との差異に対して売買金額を加算または減算す
る方法がある。

9.売買契約の際に手付金が支払われた場合、相手方が契約履行に着手
するまでは、買主はその手付金を放棄し、売主は手付金を返還する
ことによって、契約を解除することができる。

10.ローン特約が停止条件として規定されている不動産売買契約が締結
された場合、買主が支払うべき売買代金について、銀行からの融資
の不成立が確定したときは、売主側から契約の解除を求めることが
できる。

11.新築住宅を買った後、住宅の柱と屋根に瑕疵が発見された場合、引
渡しから10年間であれば、売主に対して無償で修理を依頼すること
ができる。

8.正しい

売買契約締結後に土地の実測を行い、それによって得られた面積を基に売買金額を確定させる契約方式を「実測取引」、「実測売買」という。土地の売買において、実測取引とする場合、予め定めた 1 m² 当たりの単価に実測で得られた面積の全体を掛けて売買金額を算出する方法と、登記簿面積や過去の測量面積などを基に仮の売買総額を定めておき、実測面積との差異に対して売買金額を加算または減算する方法がある。ただし、登記簿面積などに対して一定の面積以上の差異が生じたときのみ（例：5 m² 以上の差異が生じたとき等）に売買代金を精算することを条件とするケースがある。

9.誤り

手付金は、売買契約の際に、買主から売主へ支払われる金銭である。相手方が契約履行に着手するまでは、買主は交付した手付金を放棄して契約を解除することができる。これに対して、売主が解除しようとする場合、原則として、手付金の「倍額」を返還しなければならない。

10.誤り

ローン特約が停止条件として規定されている不動産売買契約が締結された場合、買主が支払うべき売買代金について、銀行からの融資の不成立が確定したときは、その売買契約の効力が失われる。したがって、売主側から解除を求めなくとも、その売買契約は契約日に遡って無効となる。

11.正しい

住宅の品質確保の促進等に関する法律に基づく新築住宅の請負および売買契約に関する瑕疵担保制度では、住宅を新築する請負契約および新築住宅の売買契約において、請負人・売主は、住宅の構造耐力上主要な部分（柱、梁、床、屋根等）については、引渡しの時から10年間の瑕疵担保責任を負うことが義務付けられている。

12.相続が発生した直後、遺産分割協議が成立していない段階において
　も、相続人の代表者が売主として、相続財産である不動産を売却す
　ることができる。

13.不動産登記の「権利部」の甲区には所有権に関する事項が記載され、
　乙区には所有権以外の権利に関する事項が記載されている。

14.不動産の売買によって所有権移転登記を行うためには、売主の登記
　原因証明情報と登記済証（または登記識別情報）が必要であるが、
　固定資産税評価証明書は必要とされていない。

15.分譲マンションの1戸を持っている個人は、その建物の区分所有権
　だけを自らの資産管理会社である法人へ譲渡することができる。

16.信託契約により不動産を信託財産に入れた場合、登記手続き上は、
　信託を原因として所有者から受託者への所有権移転登記手続きが必
　要である。それゆえ、自益信託の受託者は不動産取得税の課税対象
　となる。

12. 誤り

不動産が相続財産であった場合は、遺産分割協議が成立する前に売却しようとするならば、相続人全員が売主となって売却しなければならない。

13. 正しい

「権利部」とは、権利に関する登記が記載される部分をいう。権利部の甲区には所有権に関する事項が記載されている。所有権の保存、移転およびこれらの仮登記並びに差押え等の所有権の処分の制限等の事項が甲区に記載される。一方、乙区には、所有権以外の権利に関する事項が記載される。

14. 誤り

不動産の売買によって所有権移転登記を申請するためには、売主の登記原因証明情報と登記済証（または登記識別情報）だけでなく、発行3ヵ月以内の印鑑証明書、法人の場合は資格証明書、並びに固定資産税評価証明書の添付が必要である。

15. 誤り

建物の区分所有権を所有している場合、その敷地利用権は、原則として専有部分と分離させることはできない。また、抵当権等の権利を、土地または建物の一方のみを対象として設定することもできない。

16. 誤り

信託契約により不動産を信託財産に入れた場合、登記簿に当該不動産の管理処分権限を持つ者として、「受託者」の名前が記載される。登記手続き上は、信託を原因として所有者から受託者への所有権移転登記手続きとなるが、これは形式的な所有権移転であり、実質的に財産権は受益者に移転したものとして取り扱う。したがって、自益信託（委託者＝受益者）となるような場合には、実質的な財産の移転は生じていないため、不動産取得税の課税対象にはならない（贈与税の課税対象にもならない。）。

17. 不動産投資は、フロー所得の変動が不可避であり、所有期間において赤字が発生する年度もあるが、最終的に投資元本以上の損失が発生することはない。

18. 入居者募集の方法、賃料設定の妥当性、物件の売却方法などによって、不動産オーナーの投資利回りが変動するため、管理会社や仲介業者の選定は重要である。

19. 不動産投資はミドルリスク・ミドルリターンの特性を持つから、優良な物件に集中投資を行うとともに、短期的な利回り変動を狙って迅速に売買を行うべきである。

20. 不動産の用途別に期待利回りとリスクを比較したとき、賃貸マンションよりもオフィスビル・商業店舗のほうが、ハイリスク・ハイリターンであると言える。

17.誤り

事故による損害賠償損失を負担したり、土壌汚染などの浄化費用が発生したりすることによって、不動産投資から投資元本以上の損失が発生する可能性もある。

18.正しい

大規模修繕の実施時期、入居者募集や選定方法の判断、賃料設定・売却方法と時期の判断など、オーナーや管理会社、仲介会社の判断によってキャッシュ・フローが変動することから、管理会社や仲介業者の選定は不動産投資において重要なポイントとなる。

19.誤り

不動産投資はミドルリスク・ミドルリターンという特性を持つ。それゆえ、短期的なボラティリティの大きさを理解したうえで中長期な運用を行い、複数の不動産に分散投資することが必要である。

20.正しい

価格変動、賃料変動（利回り）、入居率などの観点から比較すると、居住用の賃貸マンションよりも、オフィスビル・商業店舗のほうが期待利回りは高いが、その分だけ大きなリスクを伴うことになる。リスク許容度に応じて投資対象を決定しなければならない。

21.不動産売買契約の締結後、対象となる建物が地震で倒壊した場合、民法の基本原則に従えば、買主は倒壊した建物を引き取ったうえで、代金を全額支払わなければならない。

22.売買した不動産に、買主が取引時に発見できなかった瑕疵があった場合、売主はその責任を負わなければならない。ただし、瑕疵の存在について売主が善意無重過失であった場合、売主はその責任を負うことはない。

21.正しい

例えば、戸建住宅の売買契約を締結し、その引渡しの前に建物が近隣の火事の影響で焼失してしまった場合、売主は契約どおり買主に建物の引渡しをすることができなくなる。このような危険をどちらが負担するかというのが危険負担の問題である。民法では、買主が売買代金全額を支払い、建物が焼失した敷地を引き取るよう規定している。しかし、これでは、取引の公平性から問題があるため、一般的に、特約で危険負担は売主が負い、修復可能で売主の負担で修復できるときは契約を継続し、修復不可能の場合や修復に多大な費用を要する場合は契約を解除するように定められる。

22.誤り

売買した不動産に、取引時に発見できなかった隠れた瑕疵があった場合、瑕疵があったことを知らなかったとしても、売主はその責任を負わなければならない。このような瑕疵の存在を知らなかった買主は、民法上、瑕疵を知った日から１年以内であれば、売主に損害賠償を請求することができる。また、これが原因で契約目的を達することができないときは、契約を解除することができる。ただし、住宅の品質確保の促進等に関する法律に基づく新築住宅の請負および売買契約に関する瑕疵担保制度では、住宅を新築する請負契約および新築住宅の売買契約において、請負人・売主は、住宅の構造耐力上主要な部分（柱、梁、床、屋根等）については、引渡しの時から10年間の瑕疵担保責任を負うことが義務付けられている。

Ⅲ 不動産の関連税制

【問題】

以下の各記述を読み、正しいか誤っているかを判定しなさい。

1. 相続によって不動産を取得した場合、不動産取得税は課されない。

2. 宅地を取得した場合、不動産取得税として、土地の固定資産税評価額に税率を乗じた金額が課される。

3. 宅地建物取引業者ではない個人が不動産を譲渡した場合、譲渡所得税は課されるが、土地および建物のいずれにも消費税は課されない。

4. 不動産を相続したが、とても古いものであり、取得費は100万円であった。この不動産を1億円で売却する場合、取得費は500万円とすることができる。

【解答】

1.正しい
　不動産取得税は、不動産が取得されたとき、その不動産の所在地の都道府県が課す税金である。「取得」とは、売買、交換、建築等をいい、相続による取得や法人の合併による取得は課税の対象とならない。

2.誤り
　宅地を取得した場合、不動産取得税が課されるが、宅地の課税標準は、土地の固定資産税評価額の2分の1である。

3.正しい
　土地の譲渡については、消費税は課税されない。これに対して、建物の譲渡は、宅地建物取引業者が売主の場合には課税され、それ以外の売主の場合には課税されない。

4.正しい
　相続した不動産の取得原価が非常に小さいことがある。その場合、取得費が譲渡収入金額の5％を下回ることになり、多額の譲渡所得が計算されることになる。その際、概算取得費を使用し、取得費を譲渡収入金額の5％とすることができる。本問では不動産を1億円で売却しているから、その取得費は概算取得費500万円とすることができる。

5．自宅を兄弟に売却した場合、その兄弟と生計を別にしているのであれば、居住用財産の譲渡に係る3,000万円特別控除の適用が可能である。

6．相続で取得した自宅を8,000万円で売却した。取得費は不明であり、譲渡費用は300万円であった。自宅は夫婦共有であり、持分は土地・建物ともに2分の1ずつである。「3,000万円特別控除」および「10年超所有軽減税率の特例」の適用条件を満たしていた場合、夫が支払う所得税および住民税の合計額（百円未満切捨て）はいくらか。

5．正しい

居住用財産の譲渡に係る3,000万円特別控除は、譲渡する相手が、譲渡者の配偶者や親・子など直系血族、生計を一にする親族、同族会社等である場合は適用することができない。しかし、生計が別の兄弟であれば適用することができる。

6．923,600円

　　譲渡収入　　　概算取得費　　　譲渡費用
8,000万円－（8,000万円×5％＋300万円）＝7,300万円
次に売却益を持分で按分する。
　　夫　7,300万円×1／2＝3,650万円
　　妻　7,300万円×1／2＝3,650万円
3,000万円特別控除後の譲渡益は、
　　夫　3,650万円－3,000万円＝650万円
　　妻　3,650万円－3,000万円＝650万円
「10年超所有軽減税率の特例」適用後の税額は、
　　夫　650万円×14.21％＝923,650円（所得税および住民税）
　　妻　650万円×14.21％＝923,650円（所得税および住民税）

夫1／2
妻1／2
（夫、妻）

夫1／2、妻1／2

7. 自宅（妻が相続で取得した土地に夫が建物を建築）を5,000万円（建物400万円、土地4,600万円）で売却した。取得費・譲渡費用は1,600万円（建物400万円、土地1,200万円）であった。建物は夫所有で土地は妻所有である。「3,000万円特別控除」および「10年超所有軽減税率の特例」の適用条件を満たしていた場合、夫婦2人が支払う所得税および住民税の合計額はいくらか。

8. 所有期間20年の自宅を売却し1億円の長期譲渡所得が計算された。3,000万円特別控除を適用した後、軽減税率の特例を適用すれば、所得税および住民税の合計額は、（1億円－3,000万円）×14.21％＝9,947,000円となる。

9. 自宅を売って新しい自宅を買おうとする際、特定の居住用財産の買換え特例の適用を検討することができるが、買い換える自宅は、土地の面積500m^{2}以下であっても建物の床面積が45m^{2}であれば特例を適用することができない。

10. 自宅を売って新しい自宅を買おうとする際、譲渡収入金額よりも買換資産の金額が小さい場合、売却代金で購入価額を支払うことができるから、居住用財産の買換え特例を適用することはできない。

7.568,400円

夫 400万円－400万円＝0円

妻 4,600万円－1,200万円＝3,400万円

　3,400万円－3,000万円＝400万円

妻 400万円×14.21％＝568,400円（所得税および住民税）

8.誤り

自分が住んでいたマイホーム（居住用財産）を売って、一定の要件に当てはまるときは、長期譲渡所得の税額を通常の場合よりも低い軽減税率で計算することができる。その計算は、譲渡所得が6,000万円超の部分の税率が20.315％、6,000万円以下の部分の税率が14.21％である。したがって、本問では、譲渡所得7,000万円を1,000万円と6,000万円に分けて考え、1,000万円×20.315％＝2,031,500円、6,000×14.21％＝8,526,000円であるから、所得税および住民税は10,557,500円となる。

9.正しい

特定居住用財産の買換え特例を適用するためには、買換資産の要件として、家屋の床面積50m² 以上かつ土地の面積500m² 以下であることが求められる。したがって、家屋が45m² であれば適用することができない。

10.誤り

譲渡収入金額よりも買換資産の金額が小さい場合であっても居住用財産の買換え特例を適用することができる。売った金額より買い換えた金額の方が少ないときは、その差額だけは収入金額として譲渡所得の金額の計算を行い、それ以外の譲渡所得の課税が将来に繰り延べられ、売った年の譲渡所得がなかったものとされる。

11. 居住用財産の買換えの特例は、3,000万円特別控除との併用はできないが、譲渡資産の価額が買換資産を超えた差額に対して課税される場合において、譲渡益が6,000万円までであれば、軽減税率の特例を適用することができる。

12. 特定居住用財産の買換え特例は、3,000万円特別控除、10年超の軽減税率の特例と重複して適用することはできない。したがって、特定居住用財産の買換え特例を適用したいと考える場合、3,000万円特別控除または10年超の軽減税率の特例を適用した翌年度まで待って適用することになる。

13. 居住用財産の買換えの場合の譲渡損失の損益通算および繰越控除の特例を適用するには、買い換えたときに償還期間10年以上の住宅ローンの残高を持っていなければならない。

14. 自宅を売って譲渡損失が出た場合、住宅ローン残高が譲渡価額を下回っている場合には、居住用財産の譲渡損失の損益通算および繰越控除の特例を適用することはできない。

11.誤り

居住用財産の買換えの特例は、3,000万円特別控除、軽減税率の特例のいずれも併用することはできない。したがって、譲渡益に対する税率は常に20.315％となる。

12.誤り

特定居住用財産の買換え特例は、住宅ローン控除、3,000万円特別控除、10年超の軽減税率の特例との重複適用はできない。また、前年または前々年において3,000万円特別控除、10年超の軽減税率の特例を適用していた場合も適用できない。したがって、翌年度まで待ったからといって、特例が適用できるようになるわけではない。

13.誤り

居住用財産の買換えの場合の譲渡損失の損益通算および繰越控除の特例は、買い換えたときに住宅ローンの残高が無くても適用することができる。住宅ローン残高が要件となるのは、繰越控除を受ける年の年末であり、そのときには買換資産（譲渡資産ではない）に係る償還期間10年以上の住宅ローンの残高を有していなければならない。

14.正しい

自宅を売って譲渡損失が出た場合、償還期間10年以上の住宅ローン残高のほうが譲渡価額を上回っているとき、すなわち、譲渡代金を全て充てても住宅ローンの全部を返済しきれない場合に、返済しきれない住宅ローンに対して適用することができる。したがって、住宅ローン残高が譲渡価額を下回っている場合には、住宅ローンを全部返済することができるわけであるから、居住用財産の譲渡損失の損益通算及び繰越控除の特例を適用することはできない。

15.父親が所有する居住用財産をその子供に譲渡した場合、父親がその子供と同居しておらず、かつ、生計を一にしていないのであれば、居住用財産の3,000万円特別控除の特例を適用することができる。

16.居住用家屋を取り壊した後に、その敷地を譲渡した場合において、一時的に駐車場（コインパーキング）として貸し付けたことがあったとしても、その敷地が譲渡時に空き地であれば、居住用財産の3,000万円特別控除の特例を適用することができる。

17.不動産の譲渡所得の税率は、不動産の取得日から売却日までの所有期間が5年超（20.315%）か、5年以下（39.63%）かどうかによって変わる。

15. 誤り

直系血族に対する譲渡の場合、生計が別であったとしても3,000万円特別
控除の特例は適用することはできない。

16. 誤り

居住用家屋を取り壊した後にその敷地を譲渡した場合において、その土
地を賃貸せずに1年以内に売買契約を締結し、かつ、その家屋に居住し
なくなった日から3年を経過する日の属する年の12月31日までに譲渡し
たのであれば、居住用財産の3,000万円特別控除の特例を適用することが
できる。しかし、本問のように、一時的にでも駐車場（コインパーキン
グ）として貸し付けた場合、譲渡時に空き地であったとしても、居住用
財産の3,000万円特別控除の特例を適用することはできない。

17. 誤り

不動産を譲渡した場合、所有期間が5年超の長期譲渡所得と、所有期間
が5年以下の短期譲渡所得に分けられるが、ここでいう所有期間とは、
譲渡した日が属する年の1月1日現在において、所有期間が5年以下か、
5年を超えるかにより判断する。したがって、売却日までというわけで
はない。

18. 当社のお客様は以下の条件で賃貸マンション（鉄筋鉄骨コンクリート造）を購入した。このお客様の確定申告において、不動産所得はいくらになるか？

（購入）
取引金額は土地3,000万円、建物2,000万円
借入金は2,000万円（年利3.2％）

（収入）
賃料20万円／月額、敷金2ヵ月分（退去時に返還）、礼金2ヵ月分

（経費）
管理組合の管理費2万円／月額、
不動産管理会社の手数料は家賃の10％
その他諸経費10万円
減価償却（0.022）
固定資産税等25万円

19. 問題（18）において、以下の条件のみを考慮すれば、お客様の所得税の納税額はいくらになるか？

不動産所得：(18) の通り
給与所得800万円（源泉徴収税額97万円）
所得控除額100万円
住宅ローン控除の適用あり（年末の借入金残高1,000万円）

課税される所得金額	税率	控除額
195万円以下	5%	—
330万円以下	10%	9.75万円
695万円以下	20%	42.75万円
900万円以下	23%	63.60万円
1,800万円以下	33%	153.60万円
4,000万円以下	40%	279.60万円
4,000万円超	45%	479.60万円

第3章　不動産

18.89万円

（収入）家賃収入240万円＋礼金収入40万円＝280万円
（経費）管理費24万円＋管理会社手数料24万円＋借入金利息64万円＋減価償却費44万円（＝2,000万円×0.022）＋固定資産税等25万円＋その他経費10万円＝191万円
（不動産所得）280万円－191万円＝89万円

19.108,700円

（課税所得金額）89万円＋800万円－100万円＝789万円
（税額）789万円×23％－63.6万円＝117.87万円
（住宅ローン控除）1,000万円×1％＝10万円
（納付税額）117万円－10万円－97万円＝108,700円

20. 個人の所有する賃貸不動産が事業的規模になると、65万円の青色申告特別控除を受けることができる。しかし、賃貸不動産経営のために家族に働いてもらったとしても、青色事業専従者給与の経費算入は認められない。

20. 誤り

所有する賃貸不動産の数が増えて、戸建住宅を5棟以上10室以上所有するか、マンションが10室以上所有することによって事業的規模になると特典を受けることができる。そのメリットは、65万円の青色申告特別控除が利用できることだけでなく、青色事業専従者給与の経費算入が認められることである。

IV 不動産の法令制限

【問題】

以下の各記述を読み、正しいか誤っているかを判定しなさい。

1. 農地を農地以外のものに自ら転用する場合には、都道府県知事の許可が必要である。

2. 分譲マンションで1階の部屋を購入する場合、エレベーターホールを全く利用することがない場合であっても、原則として、エレベーターホールの所有権の一部も一緒に購入しなければならない。

3. 市街化区域とは、すでに市街地を形成している区域と5年以内に市街化を図ることが計画されている区域をいう。市街化区域には、「用途地域」を定めなければならず、市街化区域では、全ての開発行為に都道府県知事の許可が必要とされる。

【解答】

1 . 正しい

農地とは耕作の目的に供される土地をいう。これは登記簿上の地目と関係なく客観的な事実状態により判断される。農地法では、農業生産力の低下を防ぐため、農地の他の用途への転用を原則として都道府県知事の許可制としている。

2 . 正しい

分譲マンションのように各部屋が構造上他の部屋と区分され、独立して住居や店舗等の用途に供される部分を有する建物を区分所有建物という。区分所有建物は専有部分と共用部分で構成されるが、共用部分の持分は、専有部分と切り離して処分することはできない。その際、共用部分の持分は、規約で別段の定めを設けた場合を除き、専有部分の床面積の割合によって按分されることとなる。

3 . 誤り

市街化区域は、すでに市街地されている区域と、概ね10年以内に市街化が計画されている区域のことである。市街化区域には、「用途地域」（住居系 7 種類、商業系 2 種類、工業系 3 種類）に分けて街づくりを行う。市街化区域において、1,000m^2 以上（三大都市圏では500m^2 以上）の開発を行う場合は、都道府県知事の許可が必要とされている。許可が必要なのは、全ての開発行為というわけではない。

4. 市街化調整区域では、1,000m² 以上の開発行為を行う場合にかぎり、都道府県知事の許可が必要となる。

5. 建築基準法では、建築物の敷地は、4 m 以上の道路に 4 m 以上接することが義務とされている。

6. 幅員 4 m 未満の道路に接する土地に建物を建築する場合、道路中心線から 2 m のセットバックを設ける必要があるが、その部分は建ぺい率・容積率の計算から除外される。

7. 建ぺい率が80％の地域外において、特定行政庁が指定した角地であり、かつ、防火地域内に耐火建築物を建築した場合、建ぺい率は10％緩和される。

8. 建築物の敷地が防火地域の内外にまたがる場合、その敷地内の建築物の全部が防火地域の制限を受け、その建築物が耐火建築物であるときは、その敷地は全部が防火地域にあるものとみなされる。

4.誤り

市街化調整区域とは、市街化を抑制すべき区域をいう。市街化調整区域では、用途地域を定めないものとされているが、開発行為を行う際には、その規模にかかわらず都道府県知事の許可が必要となる。

5.誤り

建築基準法の接道義務は、建築物の敷地は、4 m 以上の道路に 2 m 以上接していなければならないというものである。

6.正しい

幅員 4 m 未満の道路に接する土地に建物を建築する場合、道路中心線から 2 m を空けなければならないという「セットバック」の義務が課される。そのセットバック部分は道路と見なされるため、その部分に建物を建築することはできない。また、セットバック部分は、建ぺい率・容積率の計算の基礎となる敷地面積に含められない。

7.誤り

建ぺい率が80％の地域外において、①防火地域内に耐火建築物を建築する場合、②特定行政庁が指定した角地は建ぺい率が10％緩和され、さらに①と②の両方を満たす場合は20％緩和される。また、建ぺい率80％の地域内において、防火地域内に耐火建築物を建築する場合は、建ぺい率の制限が適用されない（つまり100％となる。）。

8.正しい

建築物の敷地が防火地域と準防火地域の両方にまたがっている場合、その建築物の全部が防火地域の制限を受け、その建築物が耐火建築物であるときは、その敷地は全て防火地域にあるものとして、建ぺい率の計算を行う（緩和措置がある。）。

9. プライベートバンカーであるあなたの顧客は、A土地を所有していたところ、隣地のオーナーからB土地の買取りを打診された。そこで、あなたはA土地とB土地の一体開発を行い、賃貸オフィスビルを建設することを提案した。

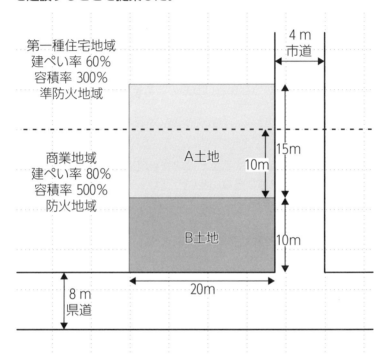

A土地とB土地を一体とした土地は、特定行政庁から指定された角地である。
このような一体開発計画において、耐火建築物である賃貸オフィスビルを建築する場合、その建ぺい率の上限はいくらか。

9 . 96%

建ぺい率の異なる複数の地域にまたがる場合、建ぺい率は、各地域の建ぺい率の加重平均となる。

商業地域が防火地域であるため、一体開発を行う第一種住宅地域についても防火地域の規制を受ける。ただし、第一種住宅地域は、指定建ぺい率が60%であって80%ではない。したがって、防火地域内に耐火建築物を建築する場合、建ぺい率が10%緩和される。加えて、一体開発によって特定行政庁から指定された角地に該当することとなったため、建ぺい率はさらに10%緩和される。したがって、60%＋10%＋10%＝80%となる。

一方、商業地域は指定建ぺい率80%とされている。したがって、防火地域内に耐火建築物を建築する場合、建ぺい率の適用除外（＝100%）となる。

以上より、（第一種住宅地域）100m^2（商業地域）400m^{2}で加重平均して、

$$80\% \times \frac{100m^2}{100m^2 + 400m^2} + 100\% \times \frac{400m^2}{100m^2 + 400m^2} = \underline{96\%}$$

10.問題（9）において、容積率の上限はいくらか。

11.マンションの区分所有権を売買する際は、建物の区分所有権の価額とそれに伴う敷地利用権の価額を必ず分けて計算しなければならない。

12.マンション管理組合の集会は、区分所有者（人数）および議決権（専有部分の床面積）において、原則として各過半数の賛成で決議するものとされる。しかし、建物を建て替える場合は特別決議となり、区分所有者および議決権の各4分の3の賛成で決議することとなる。

10.444%

容積率の異なる複数の地域にまたがる場合、容積率は、各地域の容積率の加重平均となる。

前面道路（広い方）の幅員が12m 未満であるため、【幅員×法定定数（住宅系 $\frac{4}{10}$、その他 $\frac{6}{10}$）】と指定容積率を比較して小さいほうの容積率が適用される。本問では、一体開発を行うため、A 土地と B 土地の前面道路はいずれも 8 m となる。

第一種住宅地域は、 8 m× $\frac{4}{10}$ ＝320％＞300％であるから、300％を適用する。これに対して、商業地域は、 8 m× $\frac{6}{10}$ ＝480％＜500％であるから、480％を適用する。

以上より、（第一種住宅地域）100m² （商業地域）400m² で加重平均して、

$$300\% \times \frac{100\text{m}^2}{100\text{m}^2+400\text{m}^2} + 480\% \times \frac{400\text{m}^2}{100\text{m}^2+400\text{m}^2} = \underline{444\%}$$

11.誤り

区分所有権に対応する土地についての権利を「敷地利用権」といい、敷地利用権は、マンションの建っている土地が区分所有者で共有されているときは、土地全体の「○分の○」という形で決められる。区分所有権と敷地利用権は一体のものとされており、切り分けて売買することはできない。それら価額を別々に評価する必要はない。

12.誤り

区分所有者は全員で建物、敷地および附属建物の管理を行うための管理組合（法人の場合は、管理組合法人）を構成する。管理組合の管理者は、少なくとも毎年 1 回集会を招集しなければならない。集会の決議は、原則として区分所有者（人数）および議決権（専有部分の床面積）の各過半数で決められる。建物を建て替えるような場合には、集会の決議要件は重くなっており、区分所有者および議決権の各 5 分の 4 の賛成を要する。

13. 第二種低層住居専用地域内の土地に建物を建築しようとする場合、前面道路の幅員が４ｍであれば、都市計画において容積率200％と定められていたとしても、その土地の容積率は160％となる。

13.正しい

前面道路の幅員が12m 未満の場合、次の①と②のうち小さい方が容積率の限度となる。

① 都市計画で定められる容積率
② 道路の幅員 × 法定定数

【法定定数】

住居系の用途地域：$\dfrac{4}{10}$

非住居系の用途地域、用途地域の指定のない区域：$\dfrac{6}{10}$

したがって、第二種低層住居専用地域内であれば、都市計画で200％と定められた地区内の土地であっても、前面道路の幅員が4 m であれば、その土地の容積率は160％となる。

$$4 \text{ m} \times \dfrac{4}{10} = 1.6 = 160\% < 200\%$$

【問題】

以下の各記述を読み、正しいか誤っているかを判定しなさい。

1. 宅地の正面路線に係る奥行距離は、（ア）不整形地の地積÷不整形地の間口距離、（イ）想定整形地の奥行距離のいずれか短い方を使う。しかし、側方路線と裏面路線に係る奥行き距離は、（ア）不整形地の地積÷不整形地の間口距離によるものとされる。

2. 奥行価格補正率表では、地区区分が異なっていても奥行距離が同じであれば、それらの補正率は同じである。

3. 側方路線に面する宅地では、路線価の高い路線に面している方を正面路線として計算を行う。

【解答】

1.誤り

宅地の価額は、路線価に奥行価格補正率を乗じて求めた価額に、その宅地の地積を乗じて計算した価額によって評価する。宅地の正面路線に係る奥行距離は、（ア）不整形地の地積÷不整形地の間口距離、（イ）想定整形地の奥行距離のいずれか短い方を使い、これは側方路線と裏面路線においても同様である。

2.誤り

奥行価格補正率は、奥行距離によって異なる数値となる。奥行価格補正率表は、地区区分と奥行距離の２つの側面から異なる補正率が定められており、地区区分が異なれば、奥行距離が同じであっても、補正率は異なることとなる。

3.誤り

正面路線は、奥行価格補正率を適用して計算した１ｍ²当たりの価額の高い方の路線をいう。単純に路線価で選ぶわけではない。奥行価格補正率を乗じた結果、路線価の大小と補正率を適用した１ｍ²価額の大小が逆転するケースがある。

4. 側方路線に宅地の一部しか接していない場合、宅地の側方全部の長さに対する側方路線に直接接している部分の割合によって側方路線影響加算率の按分計算を行う。

5. 貸家建付地は、その賃貸割合が低くなるにつれて利用価値が低下していると評価されるため、相続税評価額は低くなる。

6. 小規模宅地等の特例の適用対象となる土地は、個人が相続により取得した財産のうち、その相続の開始直前に被相続人または被相続人と同居していた親族の事業や居住の用に供されていた宅地等のうち、一定の選択をしたものである。したがって、被相続人と別居している親族が居住している宅地は、生計が同じであっても適用することはできない。

7. 特定居住用宅地の適用面積330m^2 は、特定事業用宅地の適用面積400m^2、貸付事業用宅地の適用面積200m^2 のいずれとも完全に併用することができる。

4.正しい

側方路線に宅地の一部しか接していない場合、側方影響加算率は按分計算を行う。これは、側方路線の効用を受けているのは、側方路線に直接に接道している部分だけであると考えられるためである。よって、接している部分と接していない部分を分母に、接している部分を分子にとって割合を計算し、側方路線影響加算の按分計算を行う。これは、二方路線影響加算においても同様である。

5.誤り

貸家建付地の評価額は、自用地評価額×（1－借地権割合×借家権割合×賃貸割合）と計算されるため、賃貸割合が低くなれば相続税評価額は高くなる。貸家がすべて空いてしまった場合（賃貸割合ゼロ）には自用地評価額と同額となる。

6.誤り

生計を一にする親族が居住している宅地についても小規模宅地等の特例を適用することができる。

7.誤り

特定事業用宅地と特定居住用宅地は完全併用が可能であるものの、貸付事業用宅地と併用する場合には、以下のような按分計算によって適用面積の制限を受けることになる。

$$A \times \frac{200}{400} + B \times \frac{200}{330} + C \leqq 200\text{m}^2$$

A：特定事業用等宅地等の面積
B：特定居住用宅地等の面積
C：貸付事業用宅地等の面積

8.小規模宅地等の特例の適用において、特定居住用宅地の要件を満たす宅地が２つ以上ある場合、２つの宅地の面積合計が330m² 以内であれば、２つの宅地に特例を適用することができる。

9.小規模宅地等の特例の適用において、被相続人と同居していた親族が宅地を取得した場合、相続税申告期限までその宅地に住んでいたのであれば、その後住居を移転したとしても特例を適用することができる。

10.小規模宅地等の特例の適用において、被相続人の配偶者がいた場合であっても、自宅を所有していない親族（いわゆる「家なき子」）が被相続人の宅地を相続し、その宅地を特定居住用宅地として特例を適用することができる。

8.誤り

特定居住用宅地に該当する宅地が2以上ある場合には、主としてその居住の用に供していた1つの宅地だけしか特例を適用することができない。

9.正しい

同居する親族に係る要件は、①同居する親族が、相続開始の直前において当該宅地等の上に存する当該被相続人の居住の用に供されていた家屋に居住していた者であること、②相続開始時から申告期限まで当該宅地等を継続所有していること、③申告期限まで当該家屋に継続居住していることである。したがって、申告期限を過ぎたのであれば、家屋に居住しなくなっても構わない。

10.誤り

持ち家がない別居の親族（いわゆる「家なき子」）が被相続人の宅地を相続し、その宅地を特定居住用宅地として小規模宅地等の特例を適用することが可能となるのは、被相続人の配偶者および同居する親族がいない場合に限られる。

11. 小規模宅地等の特例の適用において、自宅を所有していた法定相続人が自宅を売却し、自宅を所有していない状態（いわゆる「家なき子」）となれば、相続した宅地が特定居住用宅地となり、小規模宅地等の特例を適用することができる。

12. 小規模宅地等の評価減の特例の適用において、生計を一にしていた親族が、被相続人の所有する宅地に居住していたが、相続開始と同時に住居を移転したため、その親族ではなく、別居していた配偶者が宅地を取得した。この場合、小規模宅地等の特例を適用することができない。

13. 側方路線のある土地の相続税評価額は、正面路線の路線価に基いて計算した $1\,m^2$ 当たりの価額と、側方路線の路線価に基いて計算した価額に「側方路線影響加算率」を乗じた価額の合計額を計算し、その合計額に面積を乗じて計算すればよい。

11.誤り

従来、持ち家がない別居の親族（いわゆる「家なき子」）が、小規模宅地等の特例を適用できるのは、相続開始前「3年以内」に、その者又は「その者の配偶者」の所有する家屋に居住したことがない者であることが要件となっていた。しかし、平成30年改正において、<u>相続開始前3年以内に、その親族、親族の配偶者、その親族の3親等内の親族または特別関係法人が所有している家屋（国内）に居住したことがある場合、相続開始時において居住用に供していた家屋を過去に所有していたことがある場合</u>には、小規模宅地等の特例を適用できないものとされた。例えば、別居の子供（相続人）に持ち家があるため、遺言で別居の子供と同居している孫（持ち家なし）に実家を遺贈するケースでは、特例を適用することができない。また、別居の子供（相続人）に持ち家があるため、その子供の家屋を孫に贈与し、持ち家が無い状態としたうえで実家を相続するケースでは、特例を適用することができない。

12.誤り

被相続人又は被相続人と生計を一にしていた親族が居住していた宅地を配偶者が取得する場合に、特例適用の要件はない。したがって、居住していた親族が居住を継続する必要はない。さらに、所有も継続する必要もないから、相続開始直後に売却してもよい。

13.正しい

側方に路線を有する宅地（角地）の相続税評価額は、①正面路線（奥行価格補正率を適用して計算した1m²当たりの価額の高い方の路線）の路線価に基づき計算した1m²当たりの価額と、②側方路線の路線価を正面路線の路線価とみなし、その路線価に基づき計算した価額に「側方路線影響加算率」を乗じて計算した価額の合計額にその宅地の地積を乗じて計算する。

14. 相続開始前3年以内に事業用に供された土地には、その上で土地の10%相当額の減価償却資産が使用されていたとしても、貸付事業用宅地等として小規模宅地等の特例を適用することができない。

14.正しい

相続開始前３年以内に事業用に供された宅地等には、貸付事業用宅地等
として小規模宅地等の特例を適用することができない（平成30年改正）。
相続直前に土地を取得して事業を開始するような節税対策を封じ込める
ためである。ただし、当該宅地等の上で事業用に使う減価償却資産の価
額が、宅地等の価額の15％以上である場合には、適用することができる。

第4章

税金

Private Banker

個人の資産運用を考えるにあたって、税負担の観点は必須である。税の形態は特例措置なども含め多種多様であり、税務アドバイスは専門家（税理士）の範疇であるが、一般的な基本知識はプライベートバンカーとして押さえておく必要がある。

I　日本の税法体系

（1）体系
①憲法・・・租税法律主義
②条約
③法律
④政省令
⑤告示・通達

（2）種類
①国税・地方税
②直接税・間接税
③申告納税方式・賦課課税方式

（3）PB に密接に関係する税
①相続税
②贈与税

II　個人の税法体系

（1）所得税
①概要
②納税義務者
③所得の種類・課税標準
④損益通算
⑤所得控除
⑥税額控除
⑦申告・納付

（2）住民税
①概要
②納税義務者
③住民税における所得

（3）事業税
　①概要
　②納税義務者
　③申告・納付

Ⅲ　法人の税法体系

（1）法人税
　①概要
　②納税義務者
　③課税標準
　④申告・納付
　⑤組織再編成・連結納税
（2）住民税
　①概要
　②納税義務者
（3）事業税
　①概要
　②納税義務者

Ⅳ　消費税

　①概要
　②納税義務者
　③課税取引・非課税取引
　④申告・納付

Ⅴ　個人および法人の国際税務

（1）国外の個人所得
　①海外勤務の場合
　②海外移住の場合
（2）国外の法人所得
　①事業会社の場合
　②資産管理会社の場合

Ⅵ　PBに関わる主要国の税体系

（1）米国
①贈与税（gift tax）
②遺産税（estate tax）
③世代飛越移転税（generation-skipping transfer tax）
（2）スイス
①定額税（lump-sum tax）
②相続税・贈与税
（3）日本と外国の関係
①国際税務の基礎概念（居住者・非居住者）
②租税条約の役割
③日米間の個人課税のケーススタディ

Ⅶ　タックスプランニング

（1）タックスプランニングの定義
①可処分現金の認識
②資産税圧縮に向けての対策
（2）ライフプランとタックスプランニング
①資産のライフサイクル
②暦年贈与
③相続時精算課税制度
④相続税対策
（3）タックスプランニングに必要な情報
①税法動向に関する情報
②一族の未払い相続税額の把握
③未払い相続税額を十分にカバーする納税資金の確認
④有効な相続税対策に関する知識の蓄積
（4）タックスプランニング
①相続
②贈与
③譲渡

Ⅰ 所得税

【問題】

以下の各記述を読み、正しいか誤っているかを判定しなさい。

1. 退職所得の計算では、長年の功労に報いるために、2分の1課税が行われている。しかし、勤続年数が3年以下の法人役員等に支払われる特定退職手当金等については、勤務年数が短すぎるため、2分の1課税の適用はない。

2. 株式の売却したときの譲渡所得の計算において、実際の購入代金を取得費とすることに代えて売却価額の5％とすることもできる。

3. 一時所得は、総収入金額から収入を得るために支出した費用を差し引き、それを2分の1とすることによって計算される。

4. 公的年金等の受給者は、収入金額が400万円以下であれば源泉徴収のみで所得税の納税は完了し、確定申告は不要である。ほとんどの受給者は収入金額が400万円以下であるから、確定申告するケースはほとんどない。

【解答】

1.誤り

退職所得の計算では、長年の功労に報いるために、2分の1課税が行われている。しかし、法人役員等で勤務年数が短すぎる人に対しては、その功労に報いる必要がなく、転籍と退職を繰り返すことによって所得税の節税が可能となってしまうため、2分の1課税の適用はない。その際の勤続年数の要件は、3年以下ではなく5年以下である。

2.正しい

株式の売却したときの取得費は、その株式の購入代金がわからない場合、実際の購入代金に代えて売却価額の5％とすることもできる。

3.誤り

一時所得は、以下の計算式によって計算される。
(総収入金額－収入を得るために支出した費用－特別控除額50万円)×(1／2)

4.誤り

公的年金等は一定の金額を超えると源泉徴収され、それで納税が完了する受給者は多い。しかし、公的年金等の収入金額が400万円以下であっても、他の所得の合計金額が20万円を超えた場合、確定申告しなければならない。

5.美容目的の整形手術の費用、サプリメントなどの購入費用も医療費
　控除の対象に含まれる。

6.所得税の計算において、19歳以上23歳未満の子供を扶養していると
　きは63万円、16歳以上19歳未満の子供を扶養しているときは38万円
　の扶養控除が受けられるが、16歳未満の子供を扶養していても扶養
　控除はゼロであり、所得控除の対象とはならない。

7.借入金で資金調達して、中古の居住用家屋を取得したとき、取得す
　るための借入金の年末残高が4,000万円までであれば、年末残高の1
　％に相当する金額を所得税額から控除することができる制度がある。

8.企業オーナーが会社に対して金銭債権を有する場合、そこから発生
　した利息については、利子所得として、会社が支払利息に対して税
　率20.315％の源泉徴収を行うことによって課税されることになる。

9.上場株式の配当金について、申告分離課税を選択した場合には、配
　当控除を受けることができるが、上場株式の譲渡損失との損益通算
　はできない。

5.誤り

美容目的の整形手術の費用、サプリメントなどの購入費用は医療費控除の対象に含まれない。

6.正しい

扶養する子供の年齢によって扶養控除の金額が異なる。すなわち、特定扶養親族（19歳以上23歳未満）であるときは63万円（住民税計算では45万円）、一般扶養親族（16歳以上で上記以外）であるときは38万円（住民税計算では33万円）を所得から差し引くことができるが、年少扶養親族（16歳未満）のときはゼロ円である。

7.正しい

借入金で新築または中古の居住用家屋を取得したときや増改築をしたときは、家屋と土地等の費用の額についての年末借入金等残高（上限4,000万円または5,000万円）に応じて、残高の1％を所得税額から控除することができる。ただし、適用を受けるための要件を満たさなければならない。

8.誤り

オーナーから会社に対する金銭の貸付けによる利子は、利子所得ではなく事業所得または雑所得となる。

9.誤り

申告分離課税を選択した場合、配当所得は、上場株式等の譲渡損失との損益通算ができるため有利であるが、配当控除（税額控除）の適用を受けることはできない。なお、非上場株式の配当金は、申告分離課税を選択することができず、総合課税のみである。

10. 1年以上の予定で海外支店勤務や海外子会社に出向する場合は非居住者となるため、国内源泉所得のみに課税される。

11. 事業的規模に満たない不動産所得は、貸借対照表を作成していても青色申告特別控除は10万円しか控除することができない。

12. 事業税および住民税は、事業所得の計算上、必要経費に算入することができる。

13. 給与所得の計算において、特定支出の特例の適用を受ける場合には、確定申告が必要である。

14. 「退職所得の受給に関する申告書」を提出しなかった場合には、退職金の額の10%の所得税が源泉徴収される。

15. 株式等の譲渡所得の計算において、取得費が不明の場合、概算取得費として収入金額の3％相当額を取得費とすることができる。

10. 正しい

居住者とは、国内に住所を有し、または引き続いて１年以上居所を有する個人をいう。したがって、１年以上の予定で海外支店勤務や海外子会社に出向する場合は非居住者となり、国内源泉所得のみに課税されることとなる。

11. 正しい

不動産所得は、青色申告の承認を受けることにより10万円の特別控除を受けることができる。事業的規模など一定の条件を満たしている場合には、65万円の特別控除を受けることができる。

12. 誤り

事業所得の計算において必要経費に算入すべき金額は、総収入金額に係る売上原価、販売費、一般管理費など業務遂行上必要であることが明らかにできるものである。この点、事業税や住民税は必要経費には含まれない。

13. 正しい

給与所得の計算において、特定支出の特例の適用を受ける場合には、確定申告することにより、算出される金額を、給与所得控除額に上乗せして、給与所得から控除することができる。

14. 誤り

「退職所得の受給に関する申告書」を提出しなかった場合、退職所得の金額の20％の所得税が源泉徴収されることになる。この場合は、確定申告することによって正しい税額との差額が還付される。

15. 誤り

株式等の譲渡所得の計算において、取得費が不明の場合、概算取得費を使うことができるが、それは収入金額の５％である。

16.上場株式の譲渡損失と給与所得を損益通算することはできない。

17.証券会社の特定口座のうち、源泉徴収口座を選択した場合には、所
　　得税のみが徴収され、住民税は徴収されない。

18.総所得金額に算入される一時所得は、「総収入金額－支出額－50万
　　円」である。

19.２ヵ所以上から給与の支給を受ける人は、「給与所得者の扶養控除等
　　申告書」を提出していない場合、給料の支払いにおいて会社は源泉
　　徴収税額表の「乙」欄を適用する。

20.公的年金の収入金額が300万円であっても、雑所得が30万円あれば、
　　確定申告を行わなければならない。

16.正しい

株式の譲渡損失は、他の株式の譲渡益とのみ損益通算することができる。すなわち、総合課税の譲渡所得や土地・建物等の譲渡所得とは損益通算することはできない。それゆえ、株式の譲渡損失が生じた場合、原則として打ち切りとなる。ただし、上場株式の譲渡損失と、上場株式の配当所得（申告分離課税を申告したものに限る）は損益通算することができる。

17.誤り

特定口座内に保管等されている上場株式等の譲渡所得の金額の計算は、金融商品取引業者が行うため、納税者本人は譲渡所得の計算を行う必要はない。そして、特定口座のうち源泉徴収口座を選択した場合には、所得税および住民税が併せて源泉徴収されるため、源泉徴収だけで課税関係は終了し、原則として確定申告を不要とすることができる。

18.誤り

総所得金額に算入される一時所得は、「総収入金額－支出額－50万円」×（1／2）である。すなわち、2分の1とされたうえで総合課税となり、超過累進税率が適用される。

19.正しい

「乙」欄は、「給与所得者の扶養控除等申告書」の提出がない人に適用される。2ヵ所以上から給与の支給を受ける人は、別の会社で「給与所得者の扶養控除等申告書」を提出しているため、その場合に「乙」欄が適用されることとなる。「乙」欄を適用する会社は、その給与所得者に対する年末調整を行わない。

20.正しい

確定申告の必要がないのは、公的年金等に係る収入金額が400万円以下で、かつ、他の所得が20万円以下の場合である。

21.鉄筋コンクリート造の中古マンション（住宅用）は、法定耐用年数47年であるから、築年数が10年であるとすれば、建物の減価償却計算における残存耐用年数は、37年（＝47年－10年）となる。

21. 誤り

中古物件を購入した場合の耐用年数（及び償却率）は、次の算式による見積耐用年数によって減価償却計算を行う。

①法定耐用年数の全部を経過したもの

法定耐用年数×20％＝残存耐用年数

②法定耐用年数の一部を経過したもの

法定耐用年数－（経過年数×0.8）＝残存耐用年数

ここでの経過年数は端数を切り上げ、残存耐用年数は端数を切り捨てる。また、その計算した年数が2年に満たない場合には2年とする。

例えば、購入したマンションの建物部分が鉄筋コンクリート造の住宅用建物であれば、法定耐用年数は47年になる。経過年数が10年であるとすれば、中古物件の残存耐用年数は、47年－（10年×0.8）＝39年となる。したがって、減価償却計算は、定額法により耐用年数39年（償却率0.026）で行う。

22. 代表取締役を退任したので、退職金が支給された。勤続年数20年、退職金1,000万円であれば、課税対象となる退職所得を計算すると、200万円（＝1,000万円－退職所得控除800万円）となる。

23. 雑所得とは、公的年金等（国民年金、厚生年金、適格退職年金など）、企業年金、生命保険等に基づく年金や、他の所得にあてはまらないものである。雑所得は総合課税であるため、プラスになれば、給与所得など他の所得と合算される。逆に、損失（マイナス）が生じたときには、その損失の金額は他の所得と相殺すること（損益通算）ができる。

22.誤り

勤務先を退職する際に一時に受け取る退職金（小規模共済の共済金を含む。）を退職所得という。長年の功労について一時に課税されるため、他の所得とは分離して計算し、退職所得控除と2分の1課税によって税負担が軽減されている。

退職所得の計算＝(退職金の収入金額−退職所得控除額)$\times \frac{1}{2}$

また、退職所得の計算における退職所得控除額は勤続年数によって、次のようになる。

勤続年数	退職所得控除額
20年以下の場合	40万円×勤続年数(80万円未満のときは80万円)
20年を超える場合	800万円＋{70万円×(勤続年数−20年)}

例えば、勤続年数30年、退職金2,000万円の場合、
{2,000万円−(800万円＋70万円×10年)}×(1／2)＝250万円
となる。
本問では、勤続年数20年、退職金1,000万円であるから、
{1,000万円−(40万円×20年)}×(1／2)＝100万円
となる。

23.誤り

雑所得とは、公的年金等（国民年金、厚生年金、適格退職年金など）、企業年金、生命保険等に基づく年金や、他の所得にあてはまらないものである。雑所得は総合課税であるため、プラスになれば、給与所得など他の所得と合算される。しかし、損失（マイナス）が生じたとしても、その損失の金額は他の所得と相殺すること（損益通算）はできない。

Ⅱ 贈与税と相続税

【問題】

以下の各記述を読み、正しいか誤っているかを判定しなさい。

1．半血兄弟姉妹の法定相続分は全血兄弟姉妹の２分の１である。

2．嫡出でない子の法定相続分は、嫡出である子の法定相続分と同じである。

3．生前贈与による特別受益があった場合の財産の持ち戻しは、相続時ではなく贈与を行ったときの時価による。

4．普通養子制度によって養子になった者は、養親が死亡したときの法定相続人となるが、実親が死亡したときの法定相続人とはならない。

【解答】

1.正しい

半血兄弟姉妹とは、父母の一方のみを同じくする兄弟姉妹をいう。半血姉妹の法定相続分は全血兄弟姉妹の2分の1である。

2.正しい

改正前の民法では、嫡出でない子の法定相続分は、嫡出である子の法定相続分の2分の1であったが、平成25年に改正され、両者の法定相続分に相違はなくなった。

3.誤り

特別受益者とは、共同相続人の中に被相続人から婚姻、養子縁組のためまたは生計の資本としての生前贈与や遺贈を受けた者をいう。特別受益者は相続税の計算上、特別受益の額を相続財産に持ち戻すことになるが、その際の評価額は、相続開始のときの価額である。生前贈与のときの時価ではない。

4.誤り

普通養子制度によって養子になった者は、自然血族が消滅しないため、養親が死亡したときの法定相続人となることに加えて、実親が死亡したときの法定相続人にもなる。つまり、実親・養親双方の相続人となる。これに対して、特別養子制度を適用した場合、自然血族は消滅するため、養親のみの法定相続人となる。

5. 相続を放棄した者は、最初から相続人とならなかったものとみなされるため、相続財産およびみなし相続財産を承継することはできない。

6. 相続開始日から３ヵ月以内に法定相続人のうちの１人が家庭裁判所へ限定承認申述書を提出し、限定承認が認められた場合、その相続人は債務超過部分の消極財産を承継する必要がなくなる。

7. 遺産分割協議は、相続人全員が一同に会して会議を行う必要はなく、予め１人の相続人が遺産分割協議書を作成し、他の相続人に郵送して順次これに署名・捺印する方法でも構わない。

8. 相続人が代償分割によって他の相続人から取得した代償財産には相続税は課されない。

5.誤り

相続を放棄した者は、最初から相続人とならなかったものとみなされ、相続財産を承継することはできないが、生命保険金や死亡退職金（みなし相続財産）を受け取ることはできる。相続税の計算上、このような財産は遺贈により取得したものとして取り扱われる。

6.誤り

限定承認は、相続によって得た財産の限度においてのみ被相続人の債務を引き継ぐことをいう。限定承認をするには、相続開始日から3ヵ月以内に家庭裁判所へ限定承認申述書を提出しなければならない。相続人が複数いる場合は、相続人の全員が限定承認を行わなければならず、そのうち1人だけ限定承認することはできない。

7.正しい

遺産分割協議書は、相続人全員が署名（または記名）・捺印するとともに、印鑑証明書を添付しなければならない。遺産分割協議は、相続人全員が一同に会して会議を開くことが理想的であるが、相続人が遠隔地に住んでいる場合などにおいて、予め1人の相続人が遺産分割協議書を作成し、他の相続人に郵送して順次これに署名・捺印する方法によって作成することも可能である。

8.誤り

代償分割とは、共同相続人又は包括受遺者のうち1人または数人が相続または遺贈により相続財産を取得し、その者が、他の共同相続人または包括受遺者に対して債務を負う方法をいう。規模の大きな事業用財産など分割が容易でない財産の相続の際に使われる方法である。相続人が代償分割によって他の相続人から取得した代償財産は、相続税の課税対象となる。

9.代償分割によって交付される代償財産が、被相続人が遺した財産で
はなく、相続人が相続前から所有していた財産であった場合、その
代償財産が交付時の時価によって譲渡されたものとして譲渡所得税
が課される。

10.公正証書遺言には3人以上の証人が必要である。

11.相続の際、兄弟姉妹には遺留分が認められていない。

12.遺留分を侵害された相続人が贈与や遺贈などを減殺して取り戻すた
めには、家庭裁判所に請求する必要はなく、遺留分を侵害した者に
対して口頭で意思表示すれば足りる。

13.相続放棄をした者が生命保険金を受け取った場合、非課税限度額
(500万円×法定相続人の数)まで相続税は課されない。

9.正しい

代償分割によって交付される代償財産は、現金であるケースが多いが、相続人が所有する土地などを交付する場合、その土地が交付時の時価によって譲渡されたものとして譲渡所得税が課される。

10.誤り

公正証書遺言とは、本人が口述し、公証人が筆記すして遺言書を作成するとともに、証人に読み聞かせる遺言をいう。これは遺言書を公証人が作成するため、完全かつ確実な方法である。公正証書遺言には証人が2人以上必要である。

11.正しい

遺留分が認められているのは、配偶者、被相続人の子およびその代襲相続人並びに直系尊属であり、兄弟姉妹には認められていない。

12.正しい

遺留分減殺請求権を行使するためには、家庭裁判所に請求する必要はなく、遺留分を侵害した者に対して遺留分減殺の意思表示をすればよい。実務上、内容証明郵便を送ることが一般的である。

13.誤り

生命保険金が非課税となる対象者は相続人のみである。したがって、相続放棄した者が生命保険金を受け取ったとしても非課税の取扱いを受けることができない。

14. 相続財産となる土地・建物に係る固定資産税で、相続開始時点で納付期限が到来していないものであっても、債務として相続財産から控除することはできない。

15. 相続または遺贈により財産を取得した者が、相続開始前3年以内に被相続人から贈与された財産は、相続時の時価によって相続財産に加算しなければならない。

16. 父親の相続に際し、母親、長男、次男及び三男の4人の法定相続人のうち母親が相続放棄をしたならば、相続税の計算上、基礎控除額は4,800万円となる。

17. 店舗併用建物の持分の贈与を行って、贈与税の配偶者控除の適用を受ける場合、贈与した持分割合が、建物全体の面積のうち居住用部分の面積の割合の範囲内であれば、その贈与の全額が配偶者控除の適用対象となる。

14. 誤り

固定資産税が賦課されるのは毎年1月1日であり、1月1日における不動産の所有者に1年分の固定資産税が課される。したがって、相続開始時点で納付期限が到来していないものであっても、納付する義務は残るため、債務として相続財産から控除することができる。住民税についても全く同様であり、納付期限が到来していないものを債務として相続財産から控除することができる。なお、所得税については、被相続人が死亡した年度分の準確定申告において算出した税額を相続財産から控除することになる。

15. 誤り

相続または遺贈により財産を取得した者が、相続開始前3年以内に被相続人から贈与された財産は、相続時の時価ではなく、「贈与時の時価」によって相続財産に加算する。なお、すでに納付した贈与税額は相続税額から控除される。

16. 誤り

相続放棄をした者がいた場合であっても法定相続人の数は変わらない。したがって、基礎控除額は3,000万円+(600万円×法定相続人の数4人)=5,400万円である。

17. 正しい

贈与税の配偶者控除において、店舗併用住宅の贈与を受けた場合、まず居住用部分から贈与があったものと考える。したがって、贈与した持分割合が、建物全体の面積のうち居住用部分の面積の割合の範囲内であれば、その贈与の全額が配偶者控除の適用対象となる。

18. 相続開始前３年以内に行った暦年贈与がある場合、その贈与財産額を相続財産に加算することが原則であるが、相続人が相続財産を全く承継しない場合には加算しなくてもよい。

19. 相続時精算課税制度を適用する場合であっても、直系尊属から住宅取得等資金の贈与を受けた場合の非課税制度を適用することができる。

20. 婚姻期間が20年以上の夫婦が結婚当時から住み続けてきた自宅を売却しようとする場合、贈与税の配偶者控除の適用を受けて自宅の持分を贈与しておくと、売却時の所得税負担を軽減することができる。

21. 父親が所有する土地を子供が無償で借りてアパートを建て、それを第三者へ賃貸する場合、その土地の相続税評価は、自用地価額×（1－借地権割合×借家権割合×賃借割合）となる。

18. 正しい

生前贈与加算は、相続時における相続財産の取得が前提となっているため、相続財産を何も引き継がない場合は加算しない。ただし、相続時精算課税制度を適用して贈与を受けていた場合は、相続時に相続財産を取得しない場合においても加算されることになる。

19. 正しい

住宅取得等資金に係る相続時精算課税の特別控除額2,500万円と、直系尊属から住宅取得等資金の贈与の非課税額は、併用することができる。

20. 正しい

居住用不動産の配偶者控除を利用した結果、土地および建物を夫婦の共有名義になれば、売却する際には居住用不動産の譲渡所得に係る3,000万円特別控除は夫婦それぞれが利用することができる。したがって、所得税負担を軽減させることができる。

21. 誤り

父親が所有する宅地を子供が無償で借りてアパートを建てた場合、使用貸借となり、宅地は自用地価額で評価されることになるとともに、子供の借地権はゼロ評価である。それゆえ、建物を第三者へ賃貸したとしても、借家人が宅地の上に存する権利はゼロとなり、土地の相続税評価は自用地価額100%となる。ただし、父親が建てたアパート（建物のみ）を子供に贈与した結果、本問と同様の使用貸借となった場合は、父親の所有する宅地は貸家建付地として評価される。

Ⅲ 法人税

【問題】

以下の各記述を読み、正しいか誤っているかを判定しなさい。

1．預金の受取利息から源泉徴収された所得税額と道府県民税利子割額は、当期の法人税額、道府県民税額から控除することを選択するほうが有利になる場合が多い。その際、道府県民税利子割額は法人税申告書別表四において加算調整するが、所得税額は別表一において減算調整することになる。

2．期末資本金が１億円以下の中小法人（資本金が５億円以上の親法人の完全小法人を除く。）は、交際費等の額のうち、800万円の定額控除額と、接待飲食費×50％のいずれか小さい方まで損金算入することが認められている。

3．法人税の計算上、平成10年４月１日以降に取得した建物の減価償却方法は定率法しか認められていない。

【解答】

1 . 誤り

預金の受取利息から源泉徴収された所得税額と道府県民税利子割額は、当期の法人税額、道府県民税額から控除することを選択することが一般的であろう。所得税額および道府県民税利子割額は会計上費用計上しているため、当期利益からマイナスされている。そこで、いずれも加算調整して課税所得を算出した後、別表一の税額計算、地方税申告書の税額計算において税額控除を行う。したがって、道府県民税利子割額を加算調整するだけでなく、所得税額についても加算調整を行う必要がある。その際、法人税申告書の別表四では、仮計欄の下、「法人税額から控除される所得税額」に記載して加算することになる。

2 . 誤り

中小法人の交際費等の損金算入限度額は、800万円の定額控除額と、飲食費×50%のいずれか大きい方を選択することができる。

3 . 誤り

平成10年4月1日以降に取得した建物の減価償却方法は、定率法ではなく「定額法」しか認められていない。建物附属設備についても平成28年4月以降は「定額法」である。

4．法人税法上、役員給与のうち定期同額給与と事前確定届出給与は、納税地の所轄税務署長に届出をしなければ損金算入が認められない。

5．法人税法上、役員退職給与の損金算入限度額は、その役員の退職時の役員報酬月額、役員在籍年数および功績倍率などを考慮して判定されることになる。

6．　平成30年4月1日以降、青色申告の中小法人に欠損金が生じた場合には、翌年以降10年間繰り越し、控除する事業年度の所得金額の50％を控除限度として、翌年以降の課税所得から控除することができる。

4.誤り

役員給与のうち事前確定届出給与は、納税地の所轄税務署長に届出をしなければ損金算入が認められないが、定期同額給与は特に届出等は必要なく損金算入が認められる。なお、定期同額給与の額につき、事業年度開始の日から3ヵ月以内に改定された場合、改定後の各支給時期における支給額が同額であれば損金算入が認められる。

5.正しい

役員退職給与の功績倍率方式は以下のとおりである。
役員退職給与の適正額＝退職時の報酬月額×役員在任年数×功績倍率
なお、社長の功績倍率は、実務上、3.0～3.5倍とするケースが多い。

6.誤り

平成30年4月1日以降、青色申告の中小法人に欠損金が生じた場合には、翌年以降10年間繰り越すことができる。その場合の控除限度額は、控除する事業年度の所得金額の50％が原則であるが、中小法人には限度が設けられておらず、所得金額100％から控除することができる。また、中小法人は、繰越控除することに加えて、前事業年度に繰り戻して還付を受けることも可能である。

Ⅳ 消費税

【問題】

以下の各記述を読み、正しいか誤っているかを判定しなさい。

1. 基準期間の課税売上高が1,000万円以下であっても、前年上半期の課税売上高が1,000万円を超えた場合（給与等支払額での判定を選択することも可能）、その課税期間から課税事業者となる。

2. 新設法人は、基準期間が存在しないため、設立第1期及び第2期は常に免税事業者となる。

【解答】

1.正しい

基準期間（個人事業者は前々年、法人は前々事業年度）の課税売上高が1,000万円以下の事業者は消費税の納税義務が免除されることが原則である。しかし、基準期間の課税売上高が1,000万円以下であっても、その年の前年上半期（特定期間。個人事業者は前年1月1日から6月30日までの期間、法人は前事業年度開始の日以降6ヵ月の期間）の課税売上高が1,000万円を超えた場合、その課税期間から課税事業者となる。ただし、給与等支払額によって判定を選択することも可能であるため、免税事業者を望むのであれば、給与支払額を1,000万円以下に抑えることになろう。

2.誤り

新設法人は、基準期間が存在しないため、設立第1期および第2期は免税事業者となることが原則である。しかし、その事業年度開始の日の「資本金」または「出資金」の金額が1,000万円以上の法人は、設立第1期および第2期においても課税事業者となる。また、課税売上高5億円超の事業者が50％超出資して設立した法人は、資本金が1,000万円未満であっても設立第1期および第2期は課税事業者となる。

3.課税売上割合が95％未満の場合や課税売上高が5億円を超える場合には、課税仕入れに係る消費税額のうち課税売上げに対応する部分のみを控除する。

4.社債や株式等の有価証券の譲渡、土地の譲渡は消費税の非課税取引であるが、住宅（人の居住用に使う家屋）の貸付けは課税取引となる。

3.正しい

仕入税額控除の計算方法は、課税売上割合が95％以上の場合（課税売上高が5億円を超える事業者を除く）、課税仕入れに係る消費税額を全額控除することができる。一方、課税売上割合が95％未満の場合と、課税売上高が5億円を超える場合、課税仕入れに係る消費税額のうち課税売上げに対応する部分のみを控除する。その際の計算方法には、個別対応方式と一括比例配分方式がある。

4.誤り

住宅の貸付けは、通常の住居に使用される場合は非課税取引である。ただし、貸付けの期間が1ヵ月未満の場合は課税取引となる。旅館やホテルで部屋を貸付ける場合は、1ヵ月以上の貸付けであっても課税取引となる。

V タックスプランニング

【問題】

1. 小規模宅地等の特例の適用による節税効果を考えると、限度面積330m² まで適用しているのであれば、路線価の低い郊外の宅地よりも、路線価の高い都心部の宅地に適用するほうがよい。

2. 特定居住用宅地に係る小規模宅地等の特例は、被相続人の自宅の敷地に対して適用するものであるから、被相続人が死亡時まで老人ホームに入所し、3年以上自宅から離れていた場合には、適用することができない。

【解答】

1.正しい

地方にある広大な自宅が相続財産であった場合、330m^{2}までは特定居住用宅地等として適用を受けることができるが、330m^{2}を超える部分には適用することができず、土地の一部にしか評価減を行うことができなくなる。これに対して、都心部のマンションに住み替えると、地価が高い分だけ敷地面積は小さくなるため、所有する土地が330m^{2}までに収まり、小規模宅地等の特例を土地全体に適用できる可能性が高い。つまり、小規模宅地等の特例による評価減を最大限活用して節税を行うのであれば、地方にある路線価の低い自宅を手放し、都心部にある路線価の高い場所に自宅を購入するとよい。

2.誤り

被相続人が相続発生まで老人ホームに入所することによって、居住用に使われなくなった家屋の敷地であっても、被相続人が死亡時までに要介護認定等を受け、所定の介護施設等に入所している等の一定の要件が満たされている場合、相続開始直前において被相続人の居住用に供されていたものとして特例を適用することができる。ただし、その空き家となっている家屋を他者に貸し付けている場合には、適用することができない。

3．所得金額が2,000万円を超え、12月31日において有する財産の価額の合計額が2億円以上である人は、財産債務調書を提出しなければならない。

4．64歳の祖父から贈与を受けた20歳の孫は、相続時精算課税制度を適用することができるが、同時に40歳の父親からも贈与を受ける場合、父親からの贈与に暦年課税制度を適用することはできない。

5．教育資金の一括贈与の非課税制度は、子供や孫に対して教育資金を贈与した場合、1,500万円まで贈与税が課されない制度である。子供や孫が30歳になると制度は終了することになり、使い切れなかった金額について、子供や孫に対して贈与税が課される。

6．結婚・子育て資金の一括贈与の非課税制度は、子供や孫の結婚・子育て資金を贈与した場合、1,000万円まで贈与税が課されない制度である。贈与者である親または祖父母が死亡した場合、使い切れなかった金額について、子供や孫に対して贈与税が課される。

3．誤り

所得金額が2,000万円を超え、12月31日において所有する財産の価額の合計額が３億円以上である人は、財産の種類、数量、価額、所在地などを記載した財産債務調書を提出しなければならない。財産債務調書の提出が求められる人が所有する財産は、２億円以上ではなく３億円以上である。

4．誤り

相続時精算課税制度とは、60歳以上の親または祖父母から、20歳以上の子供または孫への生前贈与について、贈与時には贈与財産に対する軽減された贈与税を支払い（2,500万円を超える部分に20％）、将来の相続時に贈与財産とその他の相続財産を合計した価額を元にして計算した相続税額から、すでに支払った贈与税額を控除するものである。この制度の適用を受けようとする受贈者は、贈与者ごとに、相続時精算課税制度と暦年課税制度を選択することができる。したがって、祖父と父の制度が異なっていてもよい。

5．正しい

教育資金の一括贈与の非課税制度は、子供や孫に対して教育資金を贈与して信託銀行に管理させた場合、1,500万円まで贈与税が課されない制度である。資金を受けた子供や孫が30歳までに使い切れなかった金額には贈与税が課される。

6．誤り

結婚・子育て資金の一括贈与の非課税制度は、20歳以上50歳未満の子供や孫の結婚・子育て資金を贈与して信託銀行に管理させた場合、1,000万円（結婚資金は300万円）まで贈与税が課されない制度である。受贈者が50歳になると管理が終了することになるが、終了前に贈与者である親または祖父母が死亡した場合、使いきれなかった金額は、受贈者が贈与者から相続または遺贈によって取得したものとみなして、相続税が課される。それゆえ、相続税対策として効果のある制度と言うことはできない。

7．1億円の有価証券を所有する居住者が、国外へ出て国内の住所が無くなる場合と、外国に住む子供（非居住者）へ有価証券を贈与する場合には、国外転出時課税制度が適用され、所有する有価証券の譲渡があったものとして、所得税等が課されることになる。その居住者が死亡した場合は、有価証券が相続財産となるため、所得税等は課されず、相続税が課されることになる。

8．小規模宅地等の特例は、相続税の申告期限までに遺産分割されていない宅地について適用することができないが、申告期限後3年以内に遺産分割が確定される見込みを記載した書面を提出しておけば、遺産分割の確定が申告期限を過ぎてしまう場合であっても、特例を適用することを想定して相続税を計算することができる。

9．8,000万円で賃貸アパートを建築する場合、将来40年間にわたって獲得できる現金が合計2億円であると想定されていたとしても、オーナーの相続時に、その2億円と建築費8,000万円の差額に対して相続税が課されることは無い。

7.誤り

国外転出時課税制度とは、合計1億円以上の有価証券等を所有する居住者が、国外へ出て国内の住所が無くなる場合、有価証券等を国外に子供等（非居住者）へ贈与する場合、その居住者の死亡で有価証券等が国外の子供等（非居住者）へ相続または遺贈される場合、所有する有価証券等の譲渡があったものとして、譲渡所得税等を課す制度である。相続が発生した場合、相続人は準確定申告において、有価証券の譲渡所得を申告しなければならない。

8.誤り

小規模宅地等の特例は、相続税の申告期限までに共同相続人によって遺産分割されていない宅地について適用することができないことが原則である。しかし、申告期限後3年以内に遺産分割が確定される見込みを記載した書面を提出すれば、未分割である相続税申告書の提出時ではなく、将来の遺産分割確定時において特例を適用することができる。これは、配偶者の税額軽減の特例についても同様である。

9.正しい

ストック（資産）は多いが、フロー（収入）が少ない資産家に対する提案は、自宅を売却して賃貸マンションを購入するなど、資産を組み換えて収入を増やすことである。例えば、収益を生まない土地を1億円で売却し、他の土地に8,000万円で賃貸アパートを建築する場合、年間家賃収入800万円、税引き後手取額500万円で30年間賃貸経営することを想定すれば、500万円×30年〜40年＝1億5,000万円〜2億円となり、将来収益力を高めることができる。

10. 地方に住む親が地元で賃貸アパートを経営している場合、十分な家賃収入を得ることができ、時価に比べて相続税評価額が低くなっているのであれば、首都圏に住むサラリーマンの子供にとっても優良資産であるといえる。

11. 多額の金融資産を抱える富裕層の相続税負担は重いため、金融資産を減らして、市場価格と相続税評価額の開差が大きいタワーマンションを取得するような不動産投資が、効果的な相続税対策となる。

10.誤り

不動産のうち、分割しやすく売りやすいもの（換金性）、十分な収入を得ることができるもの（収益力）、相続税評価が低くなるもの（節税力）は、優良な資産だと考えられる。相続人が遠隔地にある賃貸アパートの経営を続けたくないと考えたとしても、老朽化して立地条件の悪い賃貸アパートは売却することが難しい。そのような場合、相続人にとって優良資産とみることはできないだろう。

11.正しい

金融資産を多く抱える富裕層の相続税対策として最適な手段となるのは、不動産投資である。その場合、対象となる不動産は、財産評価の引き下げ効果が大きく（市場価格と相続税評価額の開差が大きい、「圧縮率が高い」とも呼ばれる）、かつ、空室リスク、将来の価格下落リスクが小さい不動産である。このような優良な不動産を見つけることは容易ではないが、都心のタワーマンションがこれに該当する場合が多い。このため、金融資産を使って、都心のタワーマンションを取得することが効果的な相続税対策となる。

VI 事業承継における自社株対策

【問題】

1. 非上場株式の類似業種比準価額の計算における斟酌率は、大会社：中会社：小会社＝0.9：0.75：0.6である。

2. 非上場株式の類似業種比準価額の計算における評価会社の1株（50円）当たりの配当金額と、評価会社の1株（50円）当たりの利益金額は、いずれも直前期末以前2年間の平均値として算出する。

3. 従業員68人の中会社の株式は、従業員が2人増えると大会社となる。大会社に該当すると、類似業種比準価額の適用割合が高くなることによって、株式の相続税評価が高くなる。

4. 大会社の総資産に占める株式の割合が25％を超えた場合、その会社は「株式保有特定会社」に該当することとなり、純資産価額方式またはS1＋S2方式で評価される。

【解答】

1.誤り

非上場株式の類似業種比準価額の計算における斟酌率は、大会社：中会社：小会社＝0.7：0.6：0.5である。これに対して、原則的評価方式における中会社のLの割合（類似業種比準価額と純資産価額の併用割合）は、中会社の大：中会社の中：中会社の小＝0.9：0.75：0.6である。

2.誤り

非上場株式の類似業種比準価額の計算における評価会社の1株（50円）当たりの配当金額は、直前期末以前2年間の平均値として算出する。しかし、評価会社の1株（50円）当たりの利益金額は、直前期末以前2年間の平均値と直前期末以前1年間の利益金額のいずれか低い金額を選ぶ。

3.誤り

従業員70人以上の会社は大会社であり、類似業種比準価額の適用割合が中会社よりも高くなる。しかし、一般的に類似業種比準価額は純資産価額よりも低いケースが多いため、結果として株式の相続税評価は低くなる可能性が高い。

4.誤り

会社規模にかかわらず「株式保有特定会社」に該当することとなるのは、総資産に占める株式の割合が50％以上となったときである。その場合、その会社の株式は、純資産価額方式またはS1＋S2方式で評価される。

5.法人で中小企業経営承継円滑化法の贈与税の納税猶予制度の適用を受けるためには、受贈者は、贈与時に会社の代表者で、かつ、贈与者の親族でなければならない。

6.法人で中小企業経営承継円滑化法の贈与税の納税猶予制度の適用を受けた場合、贈与者の死亡時まで納税猶予されるのは、制度の対象となる非上場株式に係る課税価格の80％までである。

7.法人で中小企業経営承継円滑化法の贈与税の納税猶予制度の適用を受けるためには、贈与者は贈与時までに会社の代表取締役から取締役に降格しておけば足り、取締役を退任する必要はない。

8.法人で中小企業経営承継円滑化法の贈与税の納税猶予制度において、後継者が株式を売却することによって認定が取り消されるのは、後継者が所有する全ての株式を売却するケースであり、議決権の過半数を維持するために一部の株式を売却するようなケースでは取り消されることはない。

5．誤り

受贈者は、贈与日現在20歳以上で、役員就任から継続して3年以上経過していること、同族関係者と合わせた議決権数の合計が総議決権数の50％を超え、かつ、その同族関係者内で筆頭株主となることという要件が課される。しかし、贈与者の親族であることは求められておらず、親族外の第三者が受贈者であっても、この制度の適用を受けることができる。

6．誤り

中小企業経営承継円滑化法の贈与税の納税猶予制度の適用を受けた場合、贈与者の死亡時まで納税猶予されるのは、株式の課税価格の80％ではなく100％（全額）である。なお、相続発生時に相続税の納税猶予制度の適用を受けた場合、納税猶予の対象となる課税価格は80％（一般措置）または100％（特例措置）である。

7．正しい

贈与者の要件は、代表者を退任すること（取締役まで退任することは求められていない）、同族関係者と合わせた議決権数が総議決権数の50％を超え、かつ、その同族関係者内で経営承継受贈者を除き筆頭株主であったことである。

8．誤り

後継者が所有する株式（納税猶予対象株式）を1株でも売却した場合には、納税猶予制度の適用認定が取消しとなる。売却する相手が、親族、第三者であるかを問わない。自社（自己株式取得）であっても同様である。

VII 金融商品取引に係る
タックスプランニング

【問題】

以下の各記述を読み、正しいか間違っているかを判定しなさい。

1. 特定公社債の利子所得は、上場株式の譲渡所得と損益通算すること
   ができ、「源泉徴収ありの特定口座」であれば、必ずしも確定申告す
   る必要はない。

2. NISA口座で生じた上場株式の配当および譲渡益は非課税となる。
   その一方で、譲渡損失は、特定口座や一般口座の譲渡益および配当
   等との損益通算を行うことができる。

3. 上場株式等の配当等および譲渡益は、他の上場株式等の譲渡損失と
   損益通算することができるが、上場株式を発行済株式総数3％以上
   所有している大口株主は、その配当金を上場株式等の譲渡損と損益
   通算することはできない。

【解答】

1.正しい

特定公社債等の利子所得および譲渡所得は、上場株式等の配当所得および譲渡所得との損益通算が可能となる。確定申告する際、20.315％の申告分離課税である。「源泉徴収ありの特定口座」であれば、口座内で自動的に損益通算が行われるため、確定申告することなく納税が可能である。

2.誤り

NISA（少額投資非課税制度）は、毎年120万円までの上場株式等に係る配当等および譲渡益を、最長5年間（ロールオーバー可能）非課税にする制度である。NISA口座で生じた上場株式の譲渡損失は、税務上無かったものとされるため、特定口座や一般口座の譲渡益および配当との損益通算や、繰越控除を行うことができない。ちなみに、NISA口座において、特定公社債や公募公社債投資信託を受け入れることはできない。

3.正しい

上場株式を発行済株式総数3％以上所有している大口株主は、配当金について総合課税でしか申告できない。それゆえ、その配当所得と上場株式等の譲渡損との損益通算はできない。なお、総合課税の対象となる大口株主に対する配当金は、その支払い時に20.42％の所得税（地方税なし）が源泉徴収される。

4.設立時から株式を所有する上場会社のオーナーが、上場後、所有する全ての株式を1億円で売却することになった場合、設立時に出資した資本金等が300万円であれば、譲渡所得を9,700万円として計算することになる。

5.上場株式等の譲渡損について、上場株式等の配当等との損益通算や損失の繰越控除の特例が認められるのは、金融商品取引業者等への売買委託（媒介、取次、代理）を通じた譲渡に限定されているが、TOB（株式公開買付け）に応募して上場株式等を譲渡した場合には、市場外の相対取引であったとしても、金融商品取引業者等が媒介することになるため、これらの特例を適用することができる。

6.給与所得1億円という高額所得を得ている企業経営者が、上場株式の配当金100万円を受け取った場合、配当控除を適用することが有利になるため、総合課税を選択すべきである。

7.個人が非上場株式を発行会社に譲渡すると「みなし配当」の課税がある一方で、株式の取得価額が対応する資本金等の額を上回って譲渡損失が発生する場合がある。この場合でも、配当所得と譲渡損失を損益通算することは一切認められない。

4.誤り

実際の取得費ではなく、売却代金の5％に相当する概算取得費のほうが高い場合、概算取得費を用いて譲渡所得を計算するほうが有利である。したがって、1億円×5％＝500万円を取得費とし、譲渡所得を9,500万円（＝1億円－500万円）として計算すべきである。

5.正しい

上場株式等の譲渡益や譲渡損について、上場株式等の配当等との損益通算や損失の繰越控除の特例が認められている。ただし、この特例が認められるのは、金融商品取引業者等への売買委託（媒介、取次、代理）を通じた譲渡に限定されており、相対取引を通じた譲渡には認められていない。TOB（株式公開買付け）に応募して上場株式等を譲渡した場合には、金融商品取引業者等が売買を媒介するため、特例を適用することができる。

6.誤り

上場株式等の配当等については、①申告分離課税、②総合課税、③申告不要制度を選択適用することができる。所得水準の高い人は、一般的に申告不要制度を選択するほうが有利である。なお、申告不要制度を選択した銘柄を除き、所有する複数銘柄の全部を総合課税または申告分離課税のいずれか一方で申告しなければならず、銘柄ごとに使い分けることはできない。

7.正しい

個人が非上場株式を発行会社に譲渡した場合、その譲渡価額がその株式に対応する資本金等の額を超えている部分について、みなし配当として課税される。また、その株式に対応する資本金等の額と取得価額との差額は、譲渡益または譲渡損失となる。その際、みなし配当と譲渡損失の損益通算を行うことはできない。

8 . 配偶者の税額軽減などによって相続税ゼロとなる配偶者が、非上場
株式を取得した場合、相続開始後３年10ヵ月以内に発行会社に譲渡
したとしても、みなし配当の課税が行われない特例を適用すること
はできない。

9 .長期投資する株式等の譲渡に係る所得は譲渡所得として申告するこ
とができるのに対して、反復継続的に短期売買を繰り返す株式等の
譲渡に係る所得は、事業所得または雑所得として申告することがで
きる。

8．正しい

相続により取得した非上場株式を、相続開始後3年10ヵ月以内に発行会社に譲渡した場合には、みなし配当の課税が行われないという特例がある。この特例によれば、譲渡に伴う損益が譲渡所得として分離課税（20.315％）となる。一般的に、みなし配当課税となるよりも譲渡所得とするほうが、税負担が軽くなるケースが多いため、相続税の納税資金とする目的で利用されている。ただし、この特例を適用することができるのは、納付すべき相続税がある場合に限定されている。このため、配偶者の税額軽減などによって相続税ゼロとなる場合には適用することができない。

9．正しい

株式の譲渡に係る所得は、譲渡所得、雑所得、事業所得に区分される。どの所得に該当するかは、株式等の譲渡が営利目的で反復継続的に行われているかどうかで判定することになる。ただし、上場株式等で所有期間1年を超えた譲渡、非上場株式の譲渡については、譲渡所得として取り扱ってよいものとされている。また、信用取引による上場株式等の譲渡による所得がある場合には、当該所得を事業所得または雑所得として取り扱ってよいものとされている。

第5章

信託と
エステート
プランニング

Private Banker

信託法の改正により、制度面での整備が進捗している信託の活用方策等は、個人の活動自体が国際化している折、その他の分野の一つとして重要なポイントである。

I　信託の活用

（1）信託の基本
　①信託の基本構造
　②信託の基本的機能

（2）新信託法のもとでの活用可能な信託類型
　①受益証券発行信託（家族信託を除く）
　②限定責任信託
　③事業信託
　④家族信託に関連する信託

（3）PB における信託の活用とメリット
　①争族の回避
　②創業者の「知恵」の伝承
　③財産保全、運用に関するリスクの排除

（4）新信託法によって個人富裕層が活用できることになった信託類型
　①遺言代用信託
　②後継ぎ遺贈型の受益者連続信託
　③受益者の定めのない信託（目的信託）
　④自己信託

（5）事業承継支援

（6）高齢化社会と信託の活用

（7）海外信託の活用
　①米国におけるトラスト
　②海外現法での生命保険加入
　③米国での撤回不能生命保険信託
　④海外金融機関選別の視点と活用術

II　一般社団法人・一般財団法人について

（1）一般社団法人・一般財団法人とは

（2）税法上の取扱いと利用方法

Ⅲ　成年後見制度

（1）成年後見制度とは
（2）任意後見制度について
（3）実務上の課題等

Ⅳ　エステートプランニング

（1）エステートプランニングとは
（2）日本版エステートプランニング

Ⅴ　富裕層へのリーガルサービス

（1）相続・事業承継に関する法務
（2）会社のガバナンスと事業承継に関する法務
（3）上場会社固有の法務
（4）レピュテーションリクスをめぐる法務

I 信託の活用

【問題】

以下の各記述を読み、正しいか誤っているかを判定しなさい。

1. 被相続人が生前に委託者として遺言信託を設定していた場合、その相続人は委託者の地位を相続によって当然に引き継ぐこととなる。

2. 被相続人が遺言信託以外の信託を設定していた場合、その相続人は委託者の地位を相続によって引き継ぐこととなる。

3. 自らを受託者とする自己信託を設定する場合、必ず公正証書を作成しなければならない。

4. 受託者が死亡した場合、1年以内に新たな受託者を選任する必要がある。この場合、新たな受託者が選任されるまで、家庭裁判所が選任した弁護士が一時的に信託財産を管理することとなる。

5. 将来の子孫を受益者とするなど、受益者が未存在の信託契約も有効である。

【解答】

1 . 誤り

遺言信託では、手厚く遺産分割を受ける相続人とそれ以外の相続人との利害が相反することになるため、相続人は委託者の地位を原則として相続によって承継しないこととされている。

2 . 正しい

3 . 誤り

自己信託は、一般の書面や電磁的記録で作成することも可能であり、その場合、受益者へ確定日付ある内容証明郵便で通知することによって効力が生じるものとされている。

4 . 誤り

受託者が死亡した場合、1年以内に新たな受託者を選任する必要がある。この場合、新たな受託者が選任されるまで、旧受託者の相続人が信託財産を管理することとなる。

5 . 正しい

6.信託契約は委託者と受託者の合意があれば成立し、受益者の合意は
必要とされていないため、受益者は必ず受益権を取得することとな
る。これは受益者には経済的利益を受けるのみであり、特段の不利
益を被るおそれがないからである。

7.信託契約が終了した場合、受託者は残余財産を分配することになる
が、残余財産の給付を目的とする残余財産受益者または残余財産の
帰属権利者が定められていなかった場合、委託者またはその相続人
が帰属権利者とみなされることになる。

8.信託財産の倒産隔離機能によって、受託者の債権者は信託財産に対
して強制執行できないが、委託者の債権者は、委託者固有の財産を
もって弁済できない場合にのみ、信託財産に対して強制執行するこ
とができる。

9.遺言信託が設定され、その遺言書に信託の変更ができない旨の記載
があった場合、相続人全員が合意したとしても、遺言と異なる遺産
分割を行うことは絶対にできない。

10.上場会社のオーナーが、自社株式を自ら管理して売買するとすれば
インサイダー取引の疑惑を招くおそれがあるため、信託銀行に自社
株式を信託するケースが多い。

6.誤り

信託契約は委託者と受託者の合意があれば成立し、受益者の合意は必要とされていない。しかし、受益者に帰属する利益には税負担を伴うだけでなく、場合によっては損失を負担する場合もある。そこで、受益者には「受益権の放棄」を行って受益者になることを拒否することができるものとされている。

7.正しい

委託者の地位が信託の成立以降は不可欠ではなくなったが、信託契約の場合、委託者の地位はその相続人に承継され、残余財産の帰属権利者となる。

8.誤り

信託財産の倒産隔離機能によって、委託者の債権者と受託者の債権者は、いずれも信託財産に対して強制執行できない。

9.正しい

このような遺言信託を設定した場合、遺産分割に係る被相続人の意思が必ず実現することになる。これを信託における財産管理に意思凍結機能という。遺言信託の場合、相続人全員の協議の場が設けられることはなく、委託者である被相続人の意思が実現する。

10.正しい

11. 信託契約によって遺産分割が決められていた相続では、信託行為によって遺留分を侵害された場合であっても、その相続人は、受益者である他の相続人に対して遺留分減殺請求権を行使することができない。

12. 自社株式の遺言代用信託を設定した場合、相続開始と同時に自社株式の受益権が相続財産に加算されることになることから、遺産分割協議の期間中はその受益権が相続人全員の共有となる。

13. 信託財産として信託できるものは、金銭、有価証券、不動産などの有形資産だけであり、知的財産権などの無形資産は対象とはならない。

14. 受益証券発行信託では、細分化された有価証券としての受益証券が発行され、不特定多数の受益者が存在することになるが、信託財産から生じた所得は受益者に帰属するものとして課税される。

15. 限定責任信託では、信託財産に責任が限定される債務であることを登記しなければ、受託者がその信託事務遂行において第三者に債務を負った場合、その責任の範囲が受託者の固有財産まで及ぶことになる。

11.誤り

信託行為によって遺留分を侵害された場合、その相続人は、受益者である他の相続人に対して遺留分減殺請求権を行使することができる。この場合の請求の相手方は、受託者または受益者であるとされる。

12.誤り

自社株式の遺言代用信託を設定してあった場合、相続開始と同時に後継者が受益者となることから、相続財産の遺産分割協議の対象から外れることになり、自社株式が相続人間の共有となることはない。それゆえ、相続発生時においても、自社株式が後継者へ確実に相続され、会社経営に空白期間が生じないこととなる。

13.誤り

信託財産として信託できるものは、金銭、有価証券、不動産などの有形資産だけではない。知的財産権などの無形資産も信託することが可能である。

14.誤り

受益証券発行信託では、受益権を小口化して売却することにより、不特定多数の受益者が存在することになるため、信託財産から生じた所得を受益者に帰属させて課税する受益者等課税信託は実務上極めて困難である。そのため、税務上は法人課税信託として扱われている。

15.正しい

限定責任信託の受託者が第三者と取引する場合、受託者が受託した債務について、信託財産のみをもってその履行の責任を負うことを登記しなければ、責任限定の効力が生じない。

16. 第3次受益者まで決められた後継ぎ遺贈型受益者連続信託では、第2次受益者は、取得した受益権を第3次受益者へ移転させなければならないため、自ら信託財産の元本を処分することができない。したがって、第2次受益者が受益権を取得したとき、信託財産の元本部分に相当する受益権に係る相続税は課されないものとされている。

17. 法人課税信託とは、受託者となる法人を納税義務者として法人税が課されるものであり、受託者が個人の場合は所得税が課されることになる。

18. 法人課税信託の受益権は、出資とみなされるため、税務上は現物出資したことと同じ扱いとなる。したがって、含み益のある資産を信託すると委託者に譲渡所得が発生し、課税されることになる。

19. 自社株式を信託財産として信託した場合、その配当請求権を目的とする収益受益権と、残余財産請求権を目的とする元本受益権に分離させることはできるが、自益権を目的とする受益権と共益権を目的とする議決権指図権に分離することはできない。

16. 誤り

後継ぎ遺贈型受益者連続信託において受益権が移転したときは、信託財産全体（元本）の評価に基づき、受益権に対して相続税が課される。このため、後継ぎが連続する途中の受益者は、自らの意思で信託財産を処分することができないにもかかわらず、信託財産全体に相当する受益権に係る相続税を負担しなければならない。

17. 誤り

法人課税信託とは、受託者を納税義務者として法人税等を課税するものである。受託者が法人だけでなく個人であっても、信託財産に係る所得に対して法人税が課される。

18. 正しい

法人課税信託の場合も現物出資の課税関係と同じく、含み益のある資産を信託した場合、委託者に対して譲渡所得の課税がある。

19. 誤り

自社株式を信託財産として信託した場合、自益権を目的とする受益権と共益権を目的とする議決権指図権に分離することが可能である。そして、それぞれを別の者に付与することによって、議決権の集約化を行うことも可能である。

20.相続発生後の遺産分割協議において相続人間の争いが発生してしまうと、相続財産としての自社株式は、各相続人が法定相続割合に応じた株式を所有しているものとみなされる。

21.議決権指図権の相続税評価は、相続人がどれだけ大きな割合の議決権を相続したとしても、ゼロ評価であることに変わらない。

22.暦年贈与で子供へ贈与した現金に係る銀行預金口座を親が管理しているとすれば、税務調査で「名義預金」だとして過年度の贈与が否認されるリスクが伴う。

23.親を受託者、子供を受益者として銀行預金を信託すれば、預金の受益権が確実に子供に贈与されることになる。しかし、贈与した事実を受益者である子供に必ず口頭で伝えておかなければならない。

20. 誤り

相続発生後に遺産分割協議が整わなければ、全株式が共有状態になってしまい、後継者となるべき相続人の株主の地位を確立することができなくなる。この際、注意すべきなのは、共有された自社株式の議決権を行使しようとするとき、法定相続割合に応じて按分されるわけではないという点である。すなわち、1株ごとに相続人全員が共有することになるため、1株の議決権を行使するために、相続人の過半数の同意によって意思決定しなければならない。後継者以外の相続人の数のほうが多ければ、最悪の場合、全株式の議決権を相続人以外の意思決定によって行使されてしまい、後継者が会社から追放されてしまうような事態も想定される。

21. 正しい

議決権指図権の相続税評価は、現在の制度のもとではゼロ評価になるものとされている。したがって、自益権に係る受益権のみが相続財産として加算され、議決権指図権は相続財産として加算されることはない。

22. 正しい

子供の名義で開設した銀行預金口座や証券口座は、親が自分の資産を管理するものとして、税務調査において過年度の贈与が否認される代表的な相続財産である。

23. 誤り

親を受託者、子供を受益者として銀行預金を信託する場合、受益者である子供の受諾が必要とされないため、子供に知らせない形で受益権の暦年贈与を行うことが可能である。

24. 賃貸マンション経営を行う高齢の親が認知症になってしまうと、所有する賃貸マンションの管理ができなくなるため、受託者を親、受益者を子供とする信託契約を結んでおけば、財産管理の問題を防ぐことが可能となる。

25. 特定障害者の方の生活費などに充てるために、一定の信託契約に基づいて特定障害者を受益者とする財産の信託があったときは、全ての特定障害者を対象として、その受益権の価額のうち6,000万円まで贈与税が課されないという制度がある。

24. 誤り

親が認知症になってしまうと、判断能力が無くなり、法律行為の能力が無くなるため、所有する賃貸不動産の管理ができなくなる。そこで、子供に不動産の管理を行わせるようにするため、受託者を子供、受益者を親とする信託契約を結んでおくことが有効である。この際、親が認知症になるまでの時期において、受益権を親から子供へ暦年贈与することによって相続対策を進めていくことも可能である。

25. 誤り

精神または身体に重度の障害がある特別障害者の子供の生活を支援するために信託財産の信託があったときは、その受益権の価額のうち、特別障害者である特定障害者の方については6,000万円まで、特別障害者以外の特定障害者の方については3,000万円まで贈与税が課されない。受益者である特別障害者が死亡した場合、信託契約は6ヵ月で終了し、残余財産はその特別障害者の相続財産となる。

Ⅱ 一般社団法人と一般財団法人

【問題】

以下の各記述を読み、正しいか誤っているかを判定しなさい。

1. 個人財産を一般社団法人へ移転する際には、オーナー個人に対して譲渡所得税等が課されるが、一般社団法人に対する課税は発生しない。

2. 富裕層の個人が財産管理を目的として一般社団法人を設立した場合、役員報酬を受け取ることはできるものの、定款で規定しても剰余金や残余財産を法人から個人へ分配することができない。

3. 一般社団法人の社員は、設立時に2人以上、設立後は1人以上が必要であり、社員総会を構成するが、社員がゼロとなった場合には、法人を解散しなければならない。

【解答】

1.誤り

個人財産を一般社団法人へ移転する際には、オーナー個人に対して譲渡所得税等が課され、一方の一般社団法人に対して法人税（受贈益）が課されることがある。

2.正しい

一般社団法人は、定款で規定しても剰余金または残余財産を社員または設立者に分配することができない。それゆえ、株式会社のように法人がオーナーへ配当金を支払うことによって剰余金を分配することはできない。つまり、オーナー個人は、役員報酬を受け取る以外に、利益を吸い上げる手段が無いということである。

3.正しい

一般社団法人の機関は、社員総会（2人以上、ただし設立後は1人でも可）と理事（1人以上）である。株式会社では株主がゼロとなることは理論上考えられないが、一般社団法人は、社員がゼロとなった場合、法人を解散しなければならない。

4．公益社団法人には、法人への寄附者や贈与者に対する優遇措置が与えられ、譲渡所得税が課されない。また、法人のほうでも受贈益に係る法人税が課されることはない。すなわち、税負担ゼロで個人から法人へ財産移転を行うことができる。しかし、非営利型の一般社団法人は、普通法人と同じく税法上の優遇措置は与えられていない。

5．普通法人である一般社団法人では、法人税法施行令第5条第1項に規定する34業種の収益事業に係る収益事業に係る所得にのみ法人税が課され、それ以外は非課税である。また、非営利型の一般社団法人では、公益目的であることが認められれば、34業種であっても法人税は課されない。

6．民事信託の受託者となるべき個人が、高齢者であり、信託財産を個人財産と区別して管理することができない場合には、受託者を一般社団法人とすることが効果的な代替案となる。

4.誤り

非営利型の一般社団法人を設立すれば、公益社団法人と同じく、一般社団法人への寄附者や贈与者に対する優遇措置が与えられる（譲渡所得税が課されない）。また、法人のほうでも受贈益に係る法人税（個人とみなして相続税）が課されることはない。すなわち、税負担ゼロで個人から法人へ財産移転を行うことができる。しかし、理事のうち親族を3分の1以下に抑えることが必要となるため、個人が法人の支配権を維持することは困難となる。

5.誤り

非営利型の一般社団法人では、法人税法施行令第5条第1項に規定する34業種の収益事業に係る収益事業に係る所得にのみ法人税が課され、それ以外は非課税である。また、公益社団法人では、公益目的事業に該当すれば、34業種であっても法人税は課されない。これに対して、普通法人である一般社団法人では、全ての事業に対して法人税が課される。

6.正しい

民事信託の受託者が個人である場合、信託財産を個人財産と混同してしまう問題や、死亡リスクの問題がある。そこで、一般社団法人を受託者とすれば、これらの問題を解決することができる。

Ⅲ 成年後見制度

【問題】

以下の各記述を読み、正しいか誤っているかを判定しなさい。

1. 成年後見人の業務として本人の財産管理があるが、本人の意思に従った行為であるならば、本人の子供や孫に現金を暦年贈与することも可能である。

2. 成年後見人は本人の身上監護を行うため、介護施設のサービスに関する要望を本人のために代弁することがある。しかし、本人が介護施設と締結した不利益な契約を取り消すには、家庭裁判所に審判が必要である。

3. 成年後見人は、精神上の障害により事理を弁識する能力を欠くのが常態である者（判断能力が全くない者）を保護するために、本人が行う重要な行為の代理権のみ有するものとされている。

4. 成年後見人は、本人が行う全ての行為を包括的に代理するものとされており、本人に利益をもたらし、生活環境が向上するのであれば、本人の自宅を売却し、別の住居に住み替えさせる権限も与えられている。

【解答】

1. 誤り

成年後見人が本人の財産管理を行う場合、常に本人の利益を考えなければならず、たとえ本人の意思に沿うものであったとしても、財産を生前贈与することはできない。

2. 誤り

成年後見人は、本人が交わした不利益な契約を取り消すことができ、家庭裁判所の審判を仰ぐ必要はない。

3. 誤り

成年後見人は、本人が行う全ての行為を包括的に代理することとされている（居住用財産の処分を除く）。したがって、重要な行為の代理権に限定されているわけではない。

4. 誤り

成年後見人は、本人が行う全ての行為を包括的に代理することとされているが、居住用財産の処分には家庭裁判所の許可が必要である。

5.任意後見契約を締結するためには、自ら信頼する人を見つけて、任意後見契約を結ぶとともに、公正証書を作成したうえで、登記を行わなければならない。その後、家庭裁判所が任意後見監督人を選任するまで、任意後見契約の効力は発生しない。

5.正しい

　任意後見契約を結ぶためには、本人が直接公証人に委任して公正証書を作成するとともに、任意後見契約を登記しなければならない。そして、本人の判断能力が低下し、家庭裁判所が任意後見監督人を選任したときに、任意後見契約の効力が発生する。

IV エステートプランニング

【問題】

以下の各記述を読み、正しいか誤っているかを判定しなさい。

1. エステートプランニングとは、個人財産の承継を計画すること、すなわち、生前贈与、資産運用の戦略を事前に計画することをいう。したがって、運用結果の継続的なモニタリングや報告などは、エステートプランニングが完了した後の業務と言える。

2. 顧客が自筆証書遺言を作成している場合は、相続時に家庭裁判所の検認が必要になることを家族が理解しているかを確かめる必要がある。

3. 顧客から過去の贈与税申告書を入手した場合、過年度の贈与税の計算が誤っており、税金の過少申告となっていないかどうかを厳格に確かめる必要がある。

【解答】

1.誤り

エステートプランニングとは、生前贈与、資産運用の戦略立案だけでなく、資産運用の実施、運用結果の継続的なモニタリング、資産のリスク管理などを行うことである。

2.正しい

顧客が自ら作成した遺言書のほとんどは自筆証書遺言であるが、相続時に家庭裁判所の検認が必要になることを家族が理解していない場合が多い。プライベートバンカーは、家庭裁判所の検認が必要となること、相続時に開封してはならないことを伝えるべきである。また、可能であれば、公正証書遺言に作り直し、相続時にトラブルが発生する可能性を下げておくべきであろう。

3.誤り

税務申告は税理士業務であるため、プライベートバンカーは関与してはならない。過去の贈与契約書および贈与税申告書を入手するのは、遺留分算定基礎財産を計算して相続争いが発生するリスクの有無を確かめるとともに、名義預金や名義株式の問題が生じていないかを確かめることにある。

4. 顧客の定性的な情報として、プライベートバンカーは、顧客が想定している子供への遺産分割方法をヒアリングすべきである。その際、自分が配偶者より先に死亡した場合の遺産分割、配偶者が自分より先に死亡した場合の遺産分割、これら両方の遺産分割方法を検討しておくべきである。

5. 顧客の保有する資産および負債の情報を入手する目的は、顧客が保有する財産の換金価値を時価ベースで把握するためである。それゆえ、家計貸借対照表を作成する場合、資産は売却可能価額で評価し、また、負債には現時点の債務のみを評価し、将来支払うべき相続税は含めない。

6. プライベートバンカーがエステートプランニングを行う目的は、顧客との関係性を深め、手数料率の高い金融商品に販売することにある。それゆえ、エステートプランニングの提供の見返りに金融商品の購入をお願いすることが営業の基本スタイルであり、エステートプランニング自体に価値を認めてもらい、その対価としてコンサルティング報酬をもらうべきではない。

7. 中小企業オーナーの財産承継では、後継者の会社支配権が最重要課題であるため、後継者は自社株の過半数を必ず保有するように遺産分割を行わなければならない。

4.正しい

顧客の定性的情報として、遺産分割方針は最も重要なものである。これが財産承継計画の基本となるからである。その際、顧客が死亡してその配偶者へ相続されるシナリオ、顧客の配偶者が先に死亡して顧客へ相続されるシナリオの両方を検討しておくべきである。また、いずれのシナリオにおいても、夫婦の両方が死亡した後の二次相続まで視野に入れた遺産分割を計画することが必要である。

5.誤り

顧客情報の入手をする際、顧客が将来支払うべき相続税という潜在的な債務の存在に気がついていないケースが多い。それゆえ、プライベートバンカーは家計貸借対照表を作成して顧客にその存在を明示し、理解を促すべきである。すなわち、顧客の資産および負債の情報を入手する目的は、将来の相続税額を試算することにある。したがって、資産は相続税評価額によって評価するとともに、負債には未払い相続税額を含めて家計貸借対照表を作成する。

6.誤り

プライベートバンカーがエステートプランニングを行う目的は、顧客の財産管理と財産承継を支援すること自体にある。結果的に、自社が取り扱う商品・サービスの販売につながることもあるが、それを優先してはならない。エステートプランニングの提供それ自体に価値があるものでなければならず、その対価としてコンサルティング報酬をもらうこともビジネスの一つとして考えられる。

7.誤り

中小企業オーナーの財産承継では、会社の支配権を明確化させるために、後継者にはできるだけ自社株式の過半数を保有させるように遺産分割しなければならない。しかし、後継者だけに自社株式を承継させるとすれば、後継者ではない相続人の遺留分を侵害する可能性がある。代償分割などで解決できないような場合は、後継者が自社株式の過半数を取得できないケースも想定される。

8.顧客が豪邸に住んでおり、その相続を巡って複数の相続人間で相続
争いが起きてしまった場合、その豪邸の所有権の持分を均等に分け
て共有すれば争いは解決する。

9.金融資産の特徴は、不動産や自社株式と比較して相続税評価が高い
ことであるため、市場価格に比べて相続税評価が低い賃貸不動産へ
の買い替えが有効な相続税対策となる。

10.富裕層は財産規模が大きく、利害関係者が国内外に分散しているこ
とも多いことから、相続・事業承継に係る法律問題について考慮す
ることが不可欠である。法人の顧問弁護士とは別に個人の顧問弁護
士を雇うべきである。

11.上場企業オーナーは、自社株式が証券取引所において売買されてお
り、金融商品取引法への準拠が不可欠であるが、相続税の納税資金
を準備するために持株を売却するのであれば、特に問題は伴わない。

8.誤り

不動産オーナーが保有する不動産の課題は、相続時の遺産分割である。分割できない場合に不動産を共有とすれば、今度は管理・処分を共有オーナー全員の合意のもとで行うことになり、売却などの意思決定に合意できず失敗するケースが出る。不動産の共有は、親族間の様々なトラブルの種にもなりかねないため、安易に共有すべきではない。

9.正しい

金融資産は相続税評価が高いことが問題となるため、財産評価を引き下げるために、賃貸不動産への投資を行い、相続税対策を行うことが効果的である。

10.正しい

法人で顧問弁護士を雇っていても、個人では顧問弁護士を付けていないケースが多い。法人と個人の法律問題は異なるため、個人の法律問題についても弁護士のアドバイスを受けるべきである。

11.誤り

上場企業オーナーは、保有する株式の売買において金融商品取引法への準拠が不可欠であり、目的が何であろうとも持株を売却するのであれば、インサイダー取引規制の対象となる可能性に注意しなければならない。そのような場合、株式を信託し、受託者に売却させるなど、金融商品取引法に抵触しないような方法をとるべきである。

V 富裕層へのリーガルサービス

【問題】

以下の各記述を読み、正しいか誤っているかを判定しなさい。

1. 民法上では養子の数に制限がないが、相続税法の法定相続人の数は、
   2人までしか認められていない。

2. 株主総会において、新株の有利発行を決議するためには、発行済議
   決権株式総数の3分の2以上の賛成を得る特別決議が必要である。

3. 会社の取締役が違法行為を行うことで株主に損害を与えた場合、会
   社に回復することができない損害が生じるおそれがある場合を除い
   て、株主は会社に対して取締役に対する訴追を求めなければならず、
   直ちに株主代表訴訟を提起することはできない。

【解答】

1. 誤り

民法上では養子の数に制限がないが、相続税法の法定相続人の数は、実子がいる場合には1人、実子がいない場合には2人までしか認められていない。また、孫養子のように被相続人の直系卑属が養子である場合には、相続税額の2割加算が行われることになる。

2. 誤り

株主総会において、定款変更、資本金の額の減少、合併・会社分割・株式交換・株式移転、解散、事業譲渡、新株の有利発行を決議するためには、特別決議が必要となる。すなわち、定款に定める場合を除いて、総株主の議決権の過半数を有する株主が出席し、出席株主の議決権の3分の2以上の賛成が必要である。発行済議決権株式総数の3分の2以上の賛成ではない。

3. 正しい

会社の取締役が違法行為を行うことで株主に損害を与えた場合には、監査役が会社を代表して取締役に対して訴追することができる。監査役が訴追しない場合、6ヵ月前より引き続き株式を所有する株主は、会社に対して取締役を訴追するように請求することができる。この請求後60日以内を経過しても会社が訴追しないとき場合は、株主は「責任追及等の訴え（代表訴訟）」を提起することができる。

4．中小企業経営承継円滑化法の民法特例には「除外合意」があるが、これは生前に後継者に贈与した株式を、遺留分の計算から除外することができる制度である。

5．定款に相続人等からの株式買取りの定めを設けておけば、特定の相続人から強制的に株式を買い取ることができるが、他の株主から売主追加請求を行われた場合、その株主からも併せて株式を買い取らなければならない。

6．経営者について、利害関係者が期待する経営者像と本人の実像との間に認識ギャップがあるとレピュテーショナルリスクが生じる可能性があるため、企業情報だけでなく、経営者の個人情報まで管理することが求められる。

7．上場株券等の保有割合が5％を超えた大量保有者は、大量保有者となった日から5日以内に大量保有報告書を提出しなければならないが、株券等の売却によって保有割合が5％以下の水準まで低下したときには、5％を下回った日から5日以内に変更報告書を提出しなければならない。

4.正しい

中小企業経営承継円滑化法の民法特例とは、相続時の遺留分の特例であり、除外合意と固定合意がある。除外合意とは、生前に後継者に贈与した株式を遺留分の計算から除外することができる制度である。一方、固定合意とは、生前に後継者に贈与した株式の評価額を贈与時の価額に固定できる制度である。

5.誤り

少数株主に相続が発生すると、会社にとって好ましくない者が株式を取得することがあるが、定款に相続人等からの株式買取りの定めを設けておけば、特定の相続人から強制的に株式を買い取ることができる。この場合、他の株主へ売主追加請求の機会を与える必要はない。

6.正しい

レピュテーショナルリスクとは、利害関係者が企業に抱く実態認識・期待と、その企業の現実の姿・期待の実現性との間に生じる認識ギャップを拡大させる要因のうち、許容範囲を超えるもので合理的に予測できないものをいう。経営者についても、利害関係者が期待する経営者像と本人の実像との間に認識ギャップがあると問題が生じるため、経営者の個人情報をしっかりと管理しなければならない。

7.誤り

上場株券等の保有割合が5％を超える者（大量保有者）は、大量保有者となった日から5日以内に大量保有報告書を財務局へ提出しなければならない。また、大量保有者の株券等保有割合が1％以上増減した場合、大量保有報告書の記載内容に重要な変更が生じた場合には、その事実が生じた日から5日以内に変更報告書を財務局に提出しなければならない。

第6章

マス富裕層

Private
Banker

本書は、超富裕層のみならず、広くマス富裕層までを顧客対象とすることを念頭においている。これまで述べてきた各項目とは基本的に多くが共通するが、一方で、テーラーメイド的な取組みが行われる富裕層顧客に比し、どちらかといえば組織的な対応が求められることなど、いくぶん異なるアプローチを考える必要がある。

I　マス富裕層の定義

II　マス富裕層の特性

（1）職業特性（夫婦公務員等）
（2）世代特性（団塊の世代等）
（3）不動産の総資産に占める比率が高い層
（4）老後も現役時代同様の豊かな消費生活を維持したいと考えている層

III　マス富裕層のニーズ

（1）税務対策
（2）キャッシュ・フローの把握
（3）主たる遺産は住居用不動産
（4）暦年贈与の活用

IV　マス富裕層へのアプローチ

（1）マス富裕層向けファイナンス教育啓蒙
（2）投資家としてのマス富裕層に対する資産運用の留意点
（3）マス富裕層向けライフサイクルプランの作成と富裕層への途

I マス富裕層の職業特性と 資産およびキャッシュ・フロー

【問題】

以下の各記述を読み、正しいか誤っているかを判定しなさい。

1. マス富裕層とは、純金融資産が5,000万円超から1億円未満の顧客のことをいい、金融機関の顧客層の中でも最も収益性が高いマーケットであるため、外資系金融機関や大手プライベートバンクの寡占市場となっている。

2. マス富裕層の潜在的な顧客数が今後増加すると見込まれているのは、昔から土地を相続してきた地主の顧客の保有資産が、地価上昇によって増加するためである。

3. マス富裕層の顧客は、これまで金融機関からプライベートバンキングのサービスを受けた経験が無いため、新たに営業の対象とすれば、将来的に大きな収益が期待できる。

【解答】

1 . 誤り

マス富裕層の定義は正しい。しかし、外資系金融機関や大手プライベートバンクは主として金融資産 1 億円超の富裕層をターゲットとして営業活動を展開しているため、マス富裕層の顧客を獲得しようとしていない。

2 . 誤り

マス富裕層の顧客数の増加が見込まれるのは、ダブルインカム世帯の増加、多額の退職金を受け取る地方公務員の定年退職の増加など、インカムリッチの資産家が増えるからである。不動産オーナーが保有する土地については、首都圏の除き、ほとんどの地域で地価下落が見込まれているため、その資産価値が増大する可能性は小さい。

3 . 正しい

マス富裕層のお客様は、これまで本格的なプライベートバンキングのサービスを提供されたことがないため、いったん関係性を構築することができれば、友人・知人への紹介や口コミなど、営業基盤として一気に拡大する可能性があり、金融機関にとって大きな収益が期待できる。

4 . 専門職に就く医師・弁護士や IT・金融プロフェッショナルは、所得
水準は高いが、生活水準を高く維持するための支出が多くなり、手
元に残る資金、その貯蓄が乏しいという特徴がある。それゆえ、長
期的な関係を期待すべきではない。

5 . 地方公務員は所得水準が低いため、プライベートバンカーの営業対
象にはならない。

6 . 短期的な投資は期待できないが、インカムリッチの顧客の勤務先か
ら受け取っているインセンティブ制度の内容ついては、毎年確認し
ておく必要がある。

4.誤り

高所得の専門職やプロフェッショナルは、プライベートバンカーのアドバイスに基づき長期的な資産形成を行えば、将来的に本格的な富裕層へと成長する可能性が高い。それゆえ、長期的な関係性を構築すべきである。

5.誤り

退職金を受け取った地方公務員や教職員は、夫婦2人で退職金が5,000万円を超えることもあるため、過去に貯蓄した資金を合わせると、1億円近くの財産を保有するマス富裕層になっている可能性が高い。

6.正しい

インカムリッチ・プロフェッショナルの報酬は、インセンティブ制度によるものが多く、代表的なものにストックオプションがある。これが行使された場合、大きな所得を得ることとなり、顧客が金融商品への投資を実行する契機となる。それゆえ、顧客のインセンティブ制度の内容や評価額を毎年確認し、金融商品を提案するチャンスを逃さないようにすべきである。

【問題】

以下の各記述を読み、正しいか誤っているかを判定しなさい。

1. 資産形成期にあるマス富裕層の顧客には、リスク・コントロールの
サービスを提供すべきであるが、その商品として生命保険が最適で
ある。

2. リスク・コントロールに係る内容についてヒアリングすることに
よって、人間関係を深めることが可能である。

3. 顧客に相続が発生すると、地方金融機関の預かり資産が一気に流出
することがある。しかし、高齢者を中心に取引を行っている以上、
これは避けられないことであるため、地方で活動するプライベート
バンカーは、顧客が生前の期間に収益を稼ぐべきである。

【解答】

1.誤り
生命保険は、資産形成の途中で病気やケガで働けなくなった場合に備えるリスク管理の手段であり、リスク・ファイナンスの一つとして位置づけられる。リスク・コントロールのサービスは、心身の健康管理、能力開発、人脈拡大の支援などである。

2.正しい
直接の収益につながるリスク・ファイナンスの商品の販売だけでなく、直接の収益にはつながらないリスク・コントロールの支援を行うことによって、プライベートバンキングのサービスが包括的なアドバイスであると顧客に感じてもらうことが可能となる。

3.誤り
地方にいる高齢者は、都心に住む子供たちと離れて暮らしていることが多く、その相続が発生すると、相続人が口座を解約してしまうため、一気に預かり資産が流出することになる。それゆえ、先手を打って相続人となる子供たちに対する営業活動に取り組むべきである。例えば、NISA口座を活用して暦年贈与を行ったり、定時定額投資の商品を提供したりすることによって子供たちとの関係性構築に取り組むべきである。

4．マス富裕層に適合する商品として、非課税貯蓄制度の基づくもの、
　例えば、個人型の確定拠出年金がある。これは、月額の掛金が所得
　控除の対象となり、運用から発生したキャピタル・ゲインは非課税
　となるため、税務上のメリットを享受することができる。

5．小規模企業共済とは、常時使用する従業員が100人以下の個人事業主
　および会社役員が、将来の退職金として受け取ることを目的とした
　制度であり、月額掛金として最高70,000円まで所得控除の対象とす
　ることができる。

6．個人型の確定拠出年金の月額掛金の上限は68,000円であるから、小
　規模企業共済の月額掛金の上限70,000円と合わせて、最大で138,000
　円×12ヵ月＝1,656,000円の所得控除を受けることができる。しかし、
　これらを夫婦で併用することはできない。

7．相続税対策として海外不動産投資が効果的であると言われるのは、
　法定耐用年数を全部経過した木造住宅物件は、時価と比べて相続税
　評価が大きく引き下げられるからである。

4.正しい

個人型の確定拠出年金には、確定給付型年金制度のない雇用労働者に対するもの、基礎年金しかない個人事業主に対するものがある。いずれも月額の掛金は所得控除の対象となるとともに、キャピタル・ゲインは非課税である。将来の給付の際に繰り延べていた所得が実現し、所得税が課されることになるが、一時金は退職所得、公的年金は雑所得になることから、給与所得よりも税負担が軽くなる。

5.誤り

小規模企業共済が適用できる企業の要件は、常時使用する従業員が100人ではなく、20人以下である。これは個人事業主および会社役員が、将来の退職金として受け取ることを目的とした制度であり、月額掛金として最高70,000円まで所得控除の対象とすることができる。

6.誤り

個人型の確定拠出年金の月額掛金上限68,000円と小規模企業共済の月額掛金上限70,000円を合わせ、さらに夫婦で併用することができるため、最大で138,000円×2人×12ヵ月＝331万円の所得控除を受けることができると言える。

7.誤り

海外不動産の相続税評価は、時価（＝通常の取引価格）であり、日本のように路線価や固定資産税評価額は使用されていないことから、相続税評価が引き下げられることはない。したがって、相続税対策としての効果は無い。

8.航空機のリース取引を活用した節税を行う場合、減価償却費の計上による節税効果という観点からは、ノンキャンセラブルとフルペイアウトの要件を満たして、賃借人（レッシー）が実質的に航空機を所有する取引形態のほうが有利である。これは匿名組合を活用するスキームでも同様である。

9.資産保全期におけるマス富裕層のリスク要因に「長寿」がある。長く生きる顧客には、早期に退職すべきこと、金融資産運用を早い段階からスタートすることを提案すべきである。

10.地方に大きな土地を持つ顧客が不動産を売却して、東京都内の投資用マンションを購入すると相続税を節税することができる場合がある。

11.リバースモーゲージは居住している自宅を担保とした借入金であり、高齢のお客様の老後の生活資金を調達するために有効な方法である。しかし、リバースモーゲージそれ自体に節税効果があるわけではない。

8.誤り

航空機のリース取引による節税は、航空機の賃貸人（レッサー）となって多額の減価償却費を計上することによるものである。とすれば、賃貸人が経済的に所有するものとして取り扱われるオペレーティング・リース取引（＝税務上の「リース取引」の要件を満たさない）を選択することになる。ただし、匿名組合を通じて航空機を所有するスキームによれば、組合員に対する損失分配が制限されるため、節税効果を享受することができない。それゆえ、現在は、航空機やヘリコプターを直接保有して、オペレーティング・リース取引で貸し出す方法が主流になっている。

9.誤り

長寿に伴うリスクは、老後資金を枯渇してしまうリスクである。したがって、退職時期を延長して収入を増やすこと、適切な医療・介護保険に加入して生活費支出を抑えること、金融資産は長期運用することをアドバイスすべきである。

10.正しい

地方の土地を生前に売却し、首都圏の土地と買い換える相続対策は相続税の節税を目的としたものである。これは、単位当たりの地価（坪単価など）の高い首都圏の土地であれば、小規模宅地の特例による評価減の金額が大きくなるからである。

11.誤り

リバースモーゲージは借入金によって、担保不動産に見合うマイナス資産（債務）を作り出すものであり、資金を消費する、または、子供に暦年贈与することによって財産評価を引き下げることができる。したがって、これ自体が相続税の節税手段となる。

Ⅲ マス富裕層へのマーケティング アプローチ

【問題】

以下の各記述を読み、正しいか誤っているかを判定しなさい。

1. マス富裕層の顧客を増やす営業活動の基本は、既存顧客からの紹介である。

2. 生命保険の代理店は、法人契約の生命保険に加入するマス富裕層の経営者を一番多くつかんでいるため、地域金融機関が連携すべき相手として最適である。

3. ある地方金融機関は、顧客の個別面談よりも「相続セミナー」でまとめて集客するほうが効率的だと考え、セミナー開催のみに注力した。これは正しい営業戦略である。

【解答】

1.誤り

マス富裕層へのアプローチにおいて、紹介営業も有効な手段ではあるが、一般的な富裕層と違って対象となる顧客の範囲が広いため、効率が悪い。集客力のある提携先とのセミナー共同開催など、多数の見込み顧客を囲い込むような営業手法が基本である。

2.正しい

法人契約の生命保険は、マス富裕層からの人気が高く、これを販売する生命保険代理店は、数多くのマス富裕層を顧客に持っている。それゆえ、地域金融機関が融資や資産運用といった分野で補完的役割を担うパートナーになることができれば、効果的な業務提携が可能となる。

3.誤り

セミナー開催は、顧客のニーズ換起には効果を発揮するものであるが、取引実行に至るまでの効果はない。それゆえ、セミナー終了後、セミナーに参加した顧客との個別面談を実施することが不可欠である。セミナー会場でのアンケート調査に基づいて、顧客を個別訪問すべきである。

4．マス富裕層のニーズに適合するサービスは、生命保険とリバース
　モーゲージ、そして NISA など小口投資商品の販売である。

5．遺言書の作成支援は法律行為であり弁護士法に違反するおそれがあ
　るため、プライベートバンカーが顧客にその作成を指導してはなら
　ない。

4 . 誤り

小口投資商品の販売も可能であるが、マス富裕層のニーズに適合しているとは言えない。マス富裕層は相続対策として暦年贈与を行うニーズがあるため、顧客の子供名義で口座開設させ、親の口座から子供の口座へ資金を振り替えることによって暦年贈与を行うなどのサービスが求められる。

5 . 誤り

遺言書の書き方を指導したとしても弁護士法に抵触することはない。それゆえ、プライベートバンカーは顧客の相続対策のアドバイスの一環として積極的に遺言書の作成を勧め、その書き方を指導すべきである。

第7章

職業倫理

Private Banker

証券アナリストにとって職業倫理は重要かつ不可欠であるが、PB ビジネスに携わる者にとっては更に高い職業倫理が必要とされるであろう。顧客からの１対１の全面的な信任を得て業務遂行することが優秀なプライベートバンカーの要件であり、証券アナリストに求められている「フィデューシャリー・デューティ」がその根幹である。高い倫理感を持ち、関係法令はもとより、各種のルール・規制を遵守しなければならないことは言うまでもない。

Ⅰ　顧客への最善のアドバイス提供

（1）信任関係
①信任関係
②受任者の信任義務

（2）公正かつ客観的な判断
①顧客の公平な取扱い

（3）コンプライアンス（関係法令、行為基準の遵守）
①社会的責任
②ガバナンス
③コンプライアンス
④資格・認可を要する業務上の制約

Ⅱ　利益相反の排除

（1）利益相反の防止
（2）十分な開示

Ⅲ　専門家としての能力の維持・向上

（1）専門能力の維持・向上
（2）社会的信用と地位向上

Ⅳ　顧客の秘密保持

（1）守秘義務
（2）個人情報の管理

【問題】

以下の各記述を読み、正しいか誤っているかを判定しなさい。

1.信任義務とは、信任関係に基づき信頼を受けた者が、相手方に対して真に忠実にサービス提供しなければならないというものである。プライベートバンカーと顧客は信任関係にあるから、プライベートバンカーは信任義務を負うことになる。

2.プライベートバンカーは、弁護士や税理士のような士業とは異なるから、職業的専門家としての十分な注意をもって行動する義務は負っていない。

3.プライベートバンカーが顧客にプライベートバンキング業務を提供する際、その時々の具体的な状況の下で法令、規則、業界慣行を遵守した上で、通常人に期待されるレベルの注意、技能、配慮および誠実さをもって、その業務を遂行しなければならない。

【解答】

1.正しい

プライベートバンカーは、顧客との信任関係の下で、信頼を受けたもの
は、相手方の信頼に応え、相手方の最大の利益を図るために全力を尽く
すという高い倫理観を伴った行動が要請される。「相手方に対して真に忠
実に」とあるのが忠実義務を意味しており、信頼を受けた者は、自らの
立場を認識し、専ら相手方の最善の利益を図るように行動しなければな
らず、相手方の犠牲の上に自己や第三者の利益を図るようなことはあっ
てはならない。

2.誤り

信任義務は、信任関係に基づき、信頼を受けて専門的業務を行う者が負
うべき注意義務である。ある者が信頼を受ける理由は、その者が一般人
に比べて、高い専門的能力を持っていることを期待されている点にある。
したがって、プライベートバンカーは、職業的専門家として要求される
能力、思慮、勤勉さを十分に発揮しなければならない。

3.誤り

プライベートバンカーは、その時点での顧客や商品の状況、経済・金融
情勢など投資をめぐる環境を見極めながら、資産運用の専門家として要
求される注意、配慮を払い、また専門的な技能と信任を受けたものとし
ての勤勉さを発揮してプライベートバンキング業務を行わなければなら
ない。プライベートバンカーは、顧客から「職業的専門家」としての信
任を得て業務を行うわけであるから、その注意義務は、一般人に期待さ
れる以上のものが要求されることになる。

4.プライベートバンカーも所属する組織の利益を確保しなければならないから、プライベートバンカーには、多額の手数料収入が期待できる富裕層を重点的に対応し、資産規模が小さな顧客には最小限の対応で留めるような区別が求められる。

5.証券会社に所属するプライベートバンカーが、顧客に有価証券を販売する際、その証券会社が有価証券の発行を引き受けていた場合には、その証券会社が発行会社から受け取る報酬（引受手数料など）を、顧客に開示しなければならない。

4．誤り

　プライベートバンカーは、プライベートバンキング業務を行う場合には、すべての顧客を公平に取り扱うようにしなければならない。

5．正しい

　プライベートバンカーが所属する組織で職務を遂行する過程で、顧客の利益と自己の利益が相反する立場に置かれることはあり得ることである。しかし、そのような状況にあるプライベートバンカーに対して、利益相反が生じる行為をすべて禁止するとすれば、極めて酷な義務を負わせることになる。そこで、プライベートバンカーは、公正かつ客観的な業務遂行を阻害されると判断される事項を顧客に提示すれば、自己の利益を図ってもよいとされている。具体的な規定として、プライベートバンカーは、顧客に対して提供した業務の対価として、自己の所属する会社以外から受け取ることを約束した報酬を顧客に開示しなければならないものとされている。例えば、報酬提供者が有価証券の発行会社の場合、発行会社に有利になるように投資が推奨されるおそれがあるため、発行会社から受け取る報酬額を顧客に開示し、顧客がその事実を知ったでプライベートバンカーの提供する業務を受け入れるかどうかの判断をしてもらうのである。

6.プライベートバンカーが、顧客を不動産仲介業者や生命保険代理店
　に紹介することによって、それら業者から報酬を受け取る場合（紹
　介料、コンサルティング報酬など名目は問わない）は、その報酬を
　顧客に開示しなければならない。

7.有価証券の投資推奨等の業務に従事するプライベートバンカーは、
　自己が保有している有価証券について、顧客に対して売却の推奨を
　行う場合には、自己が保有している有価証券を売却してはならない。

6.正しい

プライベートバンキング業務を通じて、顧客の財産管理や財産承継のアドバイスする際、生命保険の契約や不動産の購入・売却を行うことがあるが、その際に業務を依頼する生命保険代理店や不動産仲介業者から、紹介料やコンサルティング料などの報酬を受け取るような場合、顧客の利益を犠牲にして自己の利益を図るおそれがある。そこで、プライベートバンカーは、報酬を受け取ることを顧客に開示し、顧客がその事実を知ってもなお紹介された外部業者のサービスを受け入れるかどうかの判断させなければならない。つまり、顧客紹介によって外部業者から受け取る報酬を顧客へ開示しなければならない。

7.誤り

顧客に対する有価証券の投資推奨等の業務に従事するプライベートバンカーは、推奨する有価証券の保有を行ってはならないという基本原則があるが、公正かつ客観的な業務の遂行が阻害されないと判断され、かつ実質的な保有の事実が投資推奨において顧客に開示される場合は、その例外として保有することが認められる。しかし、リサーチ・フロントランニング行為は禁止されている。例えば、プライベートバンカーは、自己が保有をしている有価証券に「売り」の推奨を行う場合には、顧客がそれを考慮して売るかどうかの判断をするに十分な時間が経過した後でなければ、自己が保有している有価証券を売ってはならない。「買い」推奨をしようとしている有価証券についても同様である。

8. プライベートバンカーは、どのような場合であっても、顧客との取引において当事者となり、あるいは、自己の親族の代理人となってはならない。

9. 顧客が自分の個人情報を開示することを拒否した場合、顧客の財務状況、ニーズ・投資目的を把握することができないが、そのような状況においても、プライベートバンカーが妥当だと判断する限りにおいて、顧客に対して投資情報の提供、投資推奨を行ってもよい。

10. プライベートバンカーが、顧客の財務状況、投資目的を確認することができたならば、これらの情報を1年に一度は必ず更新しなければならない。

8.誤り

プライベートバンカーは顧客の最善の利益に資することに専念しなければならない。この点、自己が顧客の取引の相手方となる場合には、顧客の最善の利益の追求が妨げられる可能性が高い。顧客の利益とプライベートバンカーの利益が相反する状況だからである。そこで、このように取引の相手方となるような行為は、原則として禁止されている。プライベートバンカー本人が直接の当事者にならないが、利害関係者の代理人となる行為も、同様である。しかし、利益相反状況に陥ることを顧客が認識し、プライベートバンカーが取引の相手方になることを顧客が同意した場合（それを顧客が望んだ場合）には、このような取引であっても行うことが認められている。

9.誤り

プライベートバンカーは、顧客の投資に関して、どのような制約条件があるかを検討し、顧客のリスク許容度を考慮しながら、どの程度の期待収益率を目指すかを決定しなければならない。そのために、プライベートバンカーは、顧客の財務状況、ニーズ、投資目的を十分に考慮して、投資情報の提供、投資推奨の適合性と妥当性を検討し、顧客の投資目的に最も適合する投資が行われるよう常に配慮しなければならない。したがって、顧客の財務状況、ニーズ、投資目的が全くわからない段階で、投資情報の提供、投資推奨を行ってはならない。

10.正しい

プライベートバンカーが把握する顧客の財務状況、投資目的は定期的に更新する必要がある。職業倫理において、これらの情報を更新は、最低でも年1回は行わなければならないものと規定されている。

11. 適合性の原則とは、顧客の投資目的に最適な収益率とリスクの組み合わせを持った投資対象の選定やポートフォリオの構築を行うように努めなければならないとする原則である。

12. 莫大な財産を持つ富裕層の顧客には、国債などのローリスク・ローリターンの金融商品よりも、外国企業が発行する外貨建ての仕組債や劣後債など、ハイリスク・ハイリターンの金融商品の購入を推奨すべきである。

13. 金融機関に所属するプライベートバンカーは、個人で税理士資格を保有している場合に限り、顧客に対して相続税の節税に関する具体的な提案を行うことが許容される。

11.正しい

適合性の原則は、プライベートバンキング業務に従事するプライベート
バンカーが常に念頭に置いておくべき基本原則である。しかし、求めら
れる適合性の考慮の度合いは、プライベートバンカーが属する業態や従
事する業務の種類によって異なるのは当然であり、この原則が一律に適
用になるわけではない。

12.誤り

富裕層に属する顧客といっても、顧客の置かれている状況（家族構成、
年齢、財務内容など）や投資目的は様々である。例えば、収益を生計費
に充てるために投資を行う場合もあれば、リスク分散のために投資を行
う場合もある。したがって、ハイリスク・ハイリターンの投資を実行す
るだけの財産規模がある富裕層であっても、必ずしもそのような投資を
推奨すべきであるとは言えない。場合によっては、安全資産である国債
への投資を推奨することもあり得る。

13.誤り

相続税の節税に関する具体的な提案は、税理士業務に該当する可能性が
極めて高い。この点、プライベートバンカーは、税理士などの資格が必
要とされる業務については、法の定める資格を得ることなく、その業務
を遂行してはならないものとされている。また、プライベートバンカー
が金融機関に所属している場合、その提供するサービスは、金融機関が
行ったものとして法律効果が発生するが、金融機関は、税理士業務を行
う能力を持たない。したがって、個人で税理士資格を保有していたとし
ても、金融機関に所属するプライベートバンカーが、相続税の節税に関
する具体的な提案を行うことは禁止されることになる。

14. 証券会社のリテール部門に所属するプライベートバンカーが、会社から指示された「今月の推奨商品」を積極的に販売することによって（シナリオマーケティング）、顧客の投資目的に合わない商品を購入させてしまうことは、やむを得ないことである。

15. 顧客から、自ら経営する会社の非上場株式を M&A で売却してほしい相談を受けたとき、プライベートバンカーが M&A を仲介することがあるが、自分の知らない買い手よりも知っている買い手のほうが信頼できるから、自分の顧客である会社を買い手候補として優先的に紹介し、売り手と買い手の双方の代理人として、しっかりと働くべきである。

16. プライベートバンキング資格保有者が、日本証券アナリスト協会が定める職業行為基準に違反した場合、「PB 職業倫理等審査委員会」の判断により懲戒処分を受けることがある。

14. 誤り

プライベートバンカーは、顧客の財務状況、ニーズ、投資対象および
ポートフォリオ全体の基本的特徴など関連する要素を十分に考慮して、
投資情報を提供するとともに、投資推奨の適合性と妥当性を判断し、顧
客の投資目的に最も適合する投資が行われるよう、「常に」配慮しなけれ
ばならない。したがって、証券会社が自社の利益を優先して、手数料の
高い金融商品を「今月の推奨商品」と掲げて販売することは許されない。
例えば、信託報酬率の高いアクティブ型投資信託、特別分配金に偏った
毎月分配型 REIT に重点を置いて販売するような営業手法は、プライ
ベートバンカーの職業倫理規定に違反することになる。

15. 誤り

顧客の会社同士を引き合わせ M&A の仲介を行う場合、双方から手数料
を受け取る可能性が高いが（両手取引）、双方より受領する行為は、顧客
に対して提供した業務の対価として、顧客以外の第三者から報酬を受け
取ることとなり、プライベートバンカーの職業倫理に違反する。それゆ
え、双方代理で仲介手数料を受け取ってはならない。プライベートバン
カーが金融機関に所属しているのであれば、利益相反行為が金融庁の検
査対象となるため、M&A の仲介業務を行うことは、極めて困難な状況
にあると考えられる。

16. 正しい

懲戒処分を受けると、①口頭または文書による注意、②プライベートバ
ンキング資格保有者が与えられている権利ないし優遇措置の停止、③プ
ライベートバンキング資格登録の抹消などが行われる。

第8章

参考資料

Private Banker

I　税率表

【1】所得税の税率表

課税される所得金額	税率	控除額
195万円以下	5%	―
330万円以下	10%	9.75万円
695万円以下	20%	42.75万円
900万円以下	23%	63.60万円
1,800万円以下	33%	153.60万円
4,000万円以下	40%	279.60万円
4,000万円超	45%	479.60万円

（注）現在、復興特別所得税として2.1%上乗せされる。

【2】贈与税の税率表

右記以外の贈与			20歳以上で直系尊属からの贈与		
基礎控除後の課税価格	税率	控除額	基礎控除後の課税価格	税率	控除額
200万円以下	10%	―	200万円以下	10%	―
300万円以下	15%	10万円			
400万円以下	20%	25万円	400万円以下	15%	10万円
600万円以下	30%	65万円	600万円以下	20%	30万円
1,000万円以下	40%	125万円	1,000万円以下	30%	90万円
1,500万円以下	45%	175万円	1,500万円以下	40%	190万円
3,000万円以下	50%	250万円	3,000万円以下	45%	265万円
3,000万円超	55%	400万円	4,500万円以下	50%	415万円
			4,500万円超	55%	640万円

【3】相続税の税率表

法定相続人の取得金額	税率	控除額
1,000万円以下	10%	—
3,000万円以下	15%	50万円
5,000万円以下	20%	200万円
1億円以下	30%	700万円
2億円以下	40%	1,700万円
3億円以下	45%	2,700万円
6億円以下	50%	4,200万円
6億円超	55%	7,200万円

Ⅱ 相続税額早見表

相続人の 基礎控除額 相続財産額　　税額	配偶者と子1人		子1人のみ
	4,200万円		3,600万円
	相続税の総額	配偶者控除後	相続税の総額
5,000万円	80万円	40万円	160万円
1億円	770万円	385万円	1,220万円
1億5,000万円	1,840万円	920万円	2,860万円
2億円	3,340万円	1,670万円	4,860万円
2億5,000万円	4,920万円	2,460万円	6,930万円
3億円	6,920万円	3,460万円	9,180万円
3億5,000万円	8,920万円	4,460万円	1億1,500万円
4億円	1億920万円	5,460万円	1億4,000万円
4億5,000万円	1億2,960万円	6,480万円	1億6,500万円
5億円	1億5,210万円	7,605万円	1億9,000万円
5億5,000万円	1億7,460万円	8,730万円	2億1,500万円
6億円	1億9,710万円	9,855万円	2億4,000万円
6億5,000万円	2億2,000万円	1億1,000万円	2億6,570万円
7億円	2億4,500万円	1億2,250万円	2億9,320万円
7億5,000万円	2億7,000万円	1億3,500万円	3億2,070万円
8億円	2億9,500万円	1億4,750万円	3億4,820万円
8億5,000万円	3億2,000万円	1億6,000万円	3億7,570万円
9億円	3億4,500万円	1億7,250万円	4億320万円
9億5,000万円	3億7,000万円	1億8,500万円	4億3,070万円

相続人の基礎控除額 / 税額 / 相続財産額	配偶者と子2人		子2人のみ
	4,800万円		4,200万円
	相続税の総額	配偶者控除後	相続税の総額
5,000万円	20万円	10万円	80万円
1億円	630万円	315万円	770万円
1億5,000万円	1,495万円	748万円	1,840万円
2億円	2,700万円	1,350万円	3,340万円
2億5,000万円	3,970万円	1,985万円	4,920万円
3億円	5,720万円	2,860万円	6,920万円
3億5,000万円	7,470万円	3,735万円	8,920万円
4億円	9,220万円	4,610万円	1億920万円
4億5,000万円	1億985万円	5,493万円	1億2,960万円
5億円	1億3,110万円	6,555万円	1億5,210万円
5億5,000万円	1億5,235万円	7,618万円	1億7,460万円
6億円	1億7,360万円	8,680万円	1億9,710万円
6億5,000万円	1億9,490万円	9,745万円	2億2,000万円
7億円	2億1,740万円	1億870万円	2億4,500万円
7億5,000万円	2億3,990万円	1億1,995万円	2億7,000万円
8億円	2億6,240万円	1億3,120万円	2億9,500万円
8億5,000万円	2億8,495万円	1億4,248万円	3億2,000万円
9億円	3億870万円	1億5,435万円	3億4,500万円
9億5,000万円	3億3,245万円	1億6,623万円	3億7,000万円

相続人の基礎控除額	配偶者と子3人		子3人のみ
	5,400万円		4,800万円
相続財産額 ＼ 税額	相続税の総額	配偶者控除後	相続税の総額
5,000万円	0万円	0万円	20万円
1億円	525万円	263万円	630万円
1億5,000万円	1,330万円	665万円	1,440万円
2億円	2,435万円	1,218万円	2,460万円
2億5,000万円	3,600万円	1,800万円	3,960万円
3億円	5,080万円	2,540万円	5,460万円
3億5,000万円	6,580万円	3,290万円	6,980万円
4億円	8,310万円	4,155万円	8,980万円
4億5,000万円	1億60万円	5,030万円	1億980万円
5億円	1億1,925万円	5,963万円	1億2,980万円
5億5,000万円	1億3,800万円	6,900万円	1億4,980万円
6億円	1億5,675万円	7,838万円	1億6,980万円
6億5,000万円	1億7,550万円	8,775万円	1億8,990万円
7億円	1億9,770万円	9,885万円	2億1,240万円
7億5,000万円	2億2,020万円	1億1,010万円	2億3,490万円
8億円	2億4,270万円	1億2,135万円	2億5,740万円
8億5,000万円	2億6,520万円	1億3,260万円	2億7,990万円
9億円	2億8,770万円	1億4,385万円	3億240万円
9億5,000万円	3億1,020万円	1億5,510万円	3億2,500万円

著者紹介

岸田 康雄 （きしだ やすお）

国際公認投資アナリスト（日本証券アナリスト協会認定）、一級ファイナンシャル・プランニング技能士、公認会計士、税理士、中小企業診断士、宅地建物取引士。一橋大学大学院商学研究科修了（経営学および会計学専攻）、日本公認会計士協会中小企業施策研究調査会「事業承継支援専門部会」委員、東京都中小企業診断士協会「事業承継支援研究会」代表幹事、平成28年度経済産業省「事業承継ガイドライン改訂委員会」委員。監査法人にて会計監査及び財務デュー・ディリジェンスに従事。その後、金融機関に在籍し、オーナー系中小企業の相続対策から大企業のM&Aまで数多くの事業承継と組織再編をアドバイスした。現在は、資産承継のコンサルティング業務に従事している。

【著書】

『富裕層のための相続税対策と資産運用』（中央経済社）、『事業承継支援完全マニュアル』（ロギカ書房）、『専門家のための事業承継入門』（共著・ロギカ書房）、『事業承継ガイドライン完全解説』（ロギカ書房）、『図解ですっきり！信託＆一般社団法人を活用した相続対策ガイド』（中央経済社）、『金融機関・FP・PB・税理士のための事業承継・相続における生命保険活用ガイド』（清文社）、『相続生前対策パーフェクトガイド』（中央経済社）、『会社売却（M&A）の手続・評価・税務と申告実務』（清文社）、『M&Aアドバイザリーガイド』（中央経済社）、『証券投資信託の開示実務』（中央経済社）など。

日本証券アナリスト協会認定
プライベートバンカー資格受験対策予想問題集

2020年2月10日　初版発行
著　者　　岸田　康雄

発行者　　橋詰　守

発行所　　株式会社　ロギカ書房
　　　　　〒101-0052
　　　　　東京都千代田区神田小川町2丁目8番地
　　　　　進盛ビル303号
　　　　　Tel 03（5244）5143
　　　　　Fax 03（5244）5144
　　　　　http://logicashobo.co.jp/

印刷・製本　　亜細亜印刷株式会社
978-4-909090-36-2　C2034